JN098605

最高水準
問題集

中2英語

佐藤誠司　著

文英堂

本書のねらい

▶みなさんは，"定期テストでよい成績をとりたい"とか，"希望する高校に合格したい"と考えて毎日勉強していることでしょう。そのためには，**どんな問題でも解ける最高レベルの実力**を身につける必要があります。では，どうしたらそのような実力がつくのでしょうか。それには，よい問題に数多くあたって，自分の力で解くことが大切です。

▶この問題集は，最高レベルの実力をつけたいという中学生のみなさんの願いに応えられるように，次の3つのことをねらいにしてつくりました。

1	教科書の内容を確実に理解しているかどうかを確かめられるようにする。
2	おさえておかなければならない内容をきめ細かく分析し，問題を1問1問練りあげる。
3	最高レベルの良問を数多く収録し，より広い見方や深い考え方の訓練ができるようにする。

▶この問題集を大いに活用して，どんな問題にぶつかっても対応できる最高レベルの実力を身につけてください。

本書の特色と使用法

① すべての章を「標準問題」→「最高水準問題」で構成し，段階的に無理なく問題を解いていくことができる。

▶本書は，「標準」と「最高水準」の2段階の問題を解いていくことで，各章の学習内容を確実に理解し，無理なく最高レベルの実力を身につけることができるようにしてあります。
▶本書全体での「標準問題」と「最高水準問題」それぞれの問題数は次のとおりです。

標 準 問 題……119題　　最 高 水 準 問 題……171題

豊富な問題を解いて，最高レベルの実力を身につけましょう。
▶さらに，学習内容の理解度をはかるために，より広いまとまりごとに「**実力テスト**」を設けてあります。ここで学習の成果と自分の実力を診断しましょう。

② 「標準問題」で，各章の学習内容を確実におさえているかが確認できる。

▶「標準問題」は，各章の学習内容のポイントを1つ1つおさえられるようにしてある問題です。1問1問確実に解いていきましょう。各問題には[タイトル]がつけてあり，どんな内容をおさえるための問題かが一目でわかるようにしてあります。

▶どんな難問を解く力も，基礎学力を着実に積み重ねていくことによって身についてくるものです。まず，「標準問題」を順を追って解いていき，基礎を固めましょう。

▶その章の学習内容に直接かかわる問題に 重要 のマークをつけています。じっくり取り組んで，解答の導き方を確実に理解しましょう。

③ 「最高水準問題」は各章の最高レベルの問題で，最高レベルの実力が身につく。

▶「最高水準問題」は，各章の最高レベルの問題です。総合的で，幅広い見方や，より深い考え方が身につくように，難問・奇問ではなく，各章で勉強する基礎的な事項を応用・発展させた質の高い問題を集めました。

▶特に難しい問題には，難マークをつけて，解答でくわしく解説しました。

④ 「標準問題」にある〈ガイド〉や，「最高水準問題」にある〈解答の方針〉で，基礎知識を押さえたり適切な解き方を確認したりすることができる。

▶「標準問題」には， ガイド をつけ，学習内容の要点や理解のしかたを示しました。

▶「最高水準問題」の下の段には， 解答の方針 をつけて，問題を解く糸口を示しました。ここで，解法の正しい道筋を確認してください。

⑤ くわしい〈解説〉つきの別冊解答。どんな難しい問題でも解き方が必ずわかる。

▶別冊の「解答と解説」には，各問題のくわしい解説があります。答えだけでなく， 解説 もじっくり読みましょう。

▶ 解説 には ㋐得点アップ を設け，知っているとためになる知識や高校入試で問われるような情報などを満載しました。

もくじ

1 一般動詞の過去形

標準問題 ————————————————————————————— （解答）別冊 p.2

001 〉[一般動詞の過去形]

次の動詞の過去形を（　　　）内に書きなさい。

① look　（　　　　　） ② love　（　　　　　） ③ stop　（　　　　　）

④ study （　　　　　） ⑤ meet　（　　　　　） ⑥ catch （　　　　　）

⑦ go　 （　　　　　） ⑧ come　（　　　　　） ⑨ say　 （　　　　　）

⑩ write （　　　　　） ⑪ make　（　　　　　） ⑫ cut　 （　　　　　）

> **ガイド** 動詞は，過去形のつくり方によって次の2種類に分けられる。
>
> (1) **規則動詞**：原形に **-ed** をつけて過去形をつくる。次の4つのパターンがある。(C)(D)のタイプ
>   の動詞は個別に覚えてもよい。
>
>   (A)原形に **-ed** をつける。(原則どおり)　　　(例) cook(料理する) → cook<u>ed</u>
>
>   (B)e で終わる語は **-d** だけをつける。　　　 (例) like(好む) → like<u>d</u>
>
>   (C)〈短母音字＋子音字〉で終わる語は最後の文字を重ねて **-ed** をつける。
>
>   　　　　　　　　　　　　　　　　　　　　　(例) drop(落ちる) → drop<u>ped</u>
>
>   (D)〈子音字＋ y〉で終わる語は語尾の y を i にかえて **-ed** をつける。(例)try(やってみる)→ tri<u>ed</u>
>
> (2) **不規則動詞**：それぞれ異なる過去形を持つ。

002 〉[過去形の否定文]

次の文を否定文にかえ，その文を日本語になおしなさい。

① She answered the question.

　(英文) _____

　(訳) _____

② I bought a computer.

　(英文) _____

　(訳) _____

③ I sent an e-mail to her.

　(英文) _____

　(訳) _____

> **ガイド** 一般動詞を使った文の否定文は，現在形なら do / does，過去形なら did を使ってつくる。
>
> 〈現在形〉He watches TV. → He **doesn't [does not] watch** TV.
>
> 〈過去形〉He watched TV. → He **didn't [did not] watch** TV.

003 〉[疑問文と答え方]

例にならって，次の文を疑問文になおし，①②は「はい」，③④は「いいえ」と答える文も書きなさい。

(例) I went there. → Did you go there?（あなたはそこへ行きましたか。）

— Yes, I did. / No, I didn't.

① He passed the English test.

_____ — _____

② I took many pictures in Hawaii.

_____ — _____

③ We swam in the sea.

_____ — _____

④ The teacher said so.

_____ — _____

> **ガイド** 一般動詞を使った Yes / No で答える疑問文は，現在形なら〈**Do / Does** ＋主語＋動詞の原形 ...?〉，過去形なら〈**Did** ＋主語＋動詞の原形 ...?〉。答えるときも do / does や did を使う。

語句 ① pass 合格する　② take a picture 写真をとる　Hawaii [həwáiiː] ハワイ　④ say so そう言う

◆ 重要 004 〉[疑問詞で始まる疑問文]

例にならって，次の文の下線部が答えの中心となる疑問文をつくりなさい。

(例) I met him yesterday. → When did you meet him?

① Sally went to the library.

_____

② We played tennis after school.

_____

③ Ken caught the strange fish.

_____

④ Ken caught three fish.

_____

> **ガイド** 一般動詞を使った疑問詞で始まる疑問文には，次の 2 つの形がある。
> **(A)**疑問詞＋ **do / does / did** ＋主語＋動詞の原形 ...?　(例) Where did you go?
> **(B)**疑問詞[＝主語]＋動詞の現在形 / 過去形 ...?　　　(例) Who came here?
> when・where・why・how などは(A)の形，who・what・which などは(A)(B)の形で使う。

語句 ③ strange 奇妙な

最 高 水 準 問 題 ——————————————————————— 解答 別冊 p.2

005 ( )内に入る最も適当な語句をア～エから選び，記号を○でかこみなさい。

① Miki ( ) practice the piano yesterday.

   ア doesn't   イ didn't   ウ isn't   エ wasn't   （秋田県）

② We ( ) a lot of rain in July last year.

   ア have   イ had   ウ give   エ gave   （栃木県）

③ Father ( ) dinner on Saturdays. We love his cooking.

   ア cook   イ cooks

   ウ cooked   エ cooking   （栃木県）

④ A: Did you go to the summer festival yesterday?

   B: ( ) It was a lot of fun.

   ア Yes, I was.   イ No, I wasn't.

   ウ Yes, I did.   エ No, I didn't.   （徳島県）

⑤ A: I didn't see Tom for a few days. Is he OK?

   B: He came to my house yesterday evening.

   A: Oh, ( )?

   B: Yes. He was fine.

   ア is he   イ was he

   ウ does he   エ did he   （岩手県）

⑥ A: Who put the present in the box?

   B: Your parents ( ).

   ア are   イ were   ウ do   エ did   （高知・土佐塾高）

006 〈 〉内の語を適当な形にかえて（ ）内に入れなさい。

① A: What's in that big bag?

   B: Well, I ( ) something from China for you. 〈bring〉   （千葉県）

② A: How did you come to Fukuoka?

   B: I ( ) here from Narita yesterday. 〈fly〉   （千葉県）

―――――――――――――――――――――――――――――――――――――――

解答の方針

005 ① practice 練習する ② a lot of ～たくさんの～ ④ summer festival 夏祭り fun 楽しみ
    ⑤ for a few days 数日間 ⑥ put（置く）は不規則動詞。

007 ( )内に適当な語を入れて，対話を完成しなさい。文字が与えられているときは，その文字
で始まる語を入れなさい。

① A: You have a nice watch, don't you?

B: Thank you. My father (b   ) it for my birthday present.　　(東京・国立工業高専)

② Man: Who broke the new computer?

Girl: It was not me. Bill (   ).　　　　　　　　　　　　　　(山形県)

③ A: (   ) made this cake?

B: My sister (   ).　　　　　　　　　　　　　　　　　　　　(兵庫・関西学院高)

008 ( )内の語をならべかえて，対話を完成しなさい。ただし，1語不要なものがあります。

A: What (you / time / was / did / get) up this morning?

B: At six o'clock.　　　　　　　　　　　　　　　　　　　　　　　　　(神奈川県)

009 各組の2文の表す内容がほぼ同じになるように，( )内に適当な1語を入れなさい。

① Mr. Kobayashi was our teacher of English.

Mr. Kobayashi (   ) English to (   ).　　　　(神奈川・法政大第二高)

② Nancy enjoyed herself at the beach.

Nancy (   ) a good time at the beach.　　　　　　　(千葉・東海大付望洋高)

010 次のような場合には，どのように言えばよいか。( )内の指示に従って英語を書きなさい。

① パーティーが楽しかったかとたずねるとき。(have と good を使って下線部を5語で)

Did _____ at the party?

　　　　　　　　　　　　　　　　　　　　　　　　　　　　　　　　(東京・日本大豊山高)

(難) ② 先週の日曜日に姉といっしょに買い物に行ったと言うとき。(shopping と my を使って下線部を
5語で)

I _____ last Sunday.

　　　　　　　　　　　　　　　　　　　　　　　　　　　　　　　　(東京・日本大豊山高)

解答の方針

007 ② broke は break(こわす)の過去形。

009 ① 最初の( )内に動詞を入れる。　② enjoy [indʒɔ́i] oneself 楽しむ

2 was, were

011 〉 [was と were の用法]

(　　　)内に適当な be 動詞を入れなさい。

① I (　　　　) sick and went to the hospital.

② Some students (　　　　) absent from school yesterday.

③ It (　　　　) rainy last night.

④ My father (　　　　) born in Osaka.

⑤ My mother and I (　　　　) in the kitchen then.

⑥ Haruka (　　　　) with her boyfriend when I saw her.

> ガイド be 動詞は次のように活用する。
>
> | 現在形 | I am[I'm] ... | You are[You're] ... | He is[He's] ... |
> |---|---|---|---|
> | 過去形 | I was ... | You were ... | He was ... |
>
> 現在形は I'm のように短縮できるが，〈主語 + be 動詞の過去形〉は短縮できない。

> 語句 ① hospital [háspitl] 病院　② be absent [ǽbsənt] from ~ ~を欠席する　④ be born [bɔ́ːrn]
> 生まれる　⑤ kitchen [kítʃən] 台所

012 〉 [否定文]

次のア，イの文のうち，正しい方の記号を○でかこみなさい。

① ア I'm not busy last week.　　　　　イ I wasn't busy last week.

② ア It's not sunny yesterday.　　　　 イ It was not sunny yesterday.

③ ア He wasn't late for school.　　　　イ He didn't late for school.

④ ア We didn't be tired.　　　　　　　イ We weren't tired.

⑤ ア The questions wasn't easy.　　　　イ The questions weren't easy.

⑥ ア The food of the restaurant wasn't good.

　 イ The food of the restaurant weren't good.

> ガイド be 動詞を使った文の否定文は，be 動詞の後ろに not をつけてつくる。
>
> 〈現在形〉She is at home.　→ She **isn't [is not]** at home.
>
> 〈過去形〉She was at home. → She **wasn't [was not]** at home.
>
> was not の短縮形は wasn't, were not の短縮形は weren't。

> 語句 ① busy [bízi] 忙しい　② sunny [sʌ́ni] 日が照っている　③ be late for ~ ~に遅れる
> ⑥ good おいしい

013 ▷ [疑問文と答え方]

(　　　)内から適当な語を選び，記号を○でかこみなさい。

① (ア Is　イ Was　ウ Does) it cold yesterday?

② (ア Was　イ Were　ウ Did) Tom and Ken good friends?

③ "(ア Is　イ Was　ウ Did) the test difficult?" "Yes, it was."

④ "Were you hungry then?" "No, I (ア wasn't　イ weren't　ウ didn't)."

⑤ (ア Are　イ Were　ウ Do) you and Kaori good friends when you (ア are　イ were　ウ was) in elementary school?

> ガイド　be 動詞を使った Yes / No で答える疑問文は，現在形なら〈**Is / Am / Are ...?**〉，過去形なら〈**Was / Were ＋主語 ...?**〉。答えるときも be 動詞を使う。

語句　③ difficult [dífikəlt] 難しい　④ hungry [hʌ́ŋgri] 空腹の　⑤ elementary [eləméntəri] school 小学校

重要　014 ▷ [疑問詞で始まる疑問文]

例にならって，次の文の下線部が答えの中心となる疑問文をつくりなさい。

（例）He was at home. → Where was he?

① The tennis ball was under the table.

_____

② The tennis ball was under the table.

_____

③ They were late because the bus didn't come.

_____

④ Lisa was with me.

_____

⑤ The movie was very exciting.

_____

⑥ My mother was 20 years old at that time.

_____

> ガイド　be 動詞を使った疑問詞で始まる疑問文には，次の 2 つの形がある。
> (A)疑問詞 + be 動詞 + 主語 ...?　　　（例）Where were you?
> (B)疑問詞[＝主語] + be 動詞 ...?　　　（例）Who was in the room?
> when・where・why・how などは(A)の形，who・what・which などは(A)(B)の形で使う。

語句　⑤ exciting [iksáitiŋ] わくわくする　⑥ at that time そのとき，当時

最 高 水 準 問 題 ──────────────────────────── 解答 別冊 p.3

015 ①～⑤の問いに対する答えとして適当なものをア～オから1つずつ選び，（　）内に記号を入れなさい。

① Were you busy yesterday?　　　　（　　）

② What did Ken do?　　　　　　　　（　　）

③ Where were you and Ken?　　　　（　　）

④ Who was the captain of the team?　（　　）

⑤ Who said such a thing?　　　　　（　　）

　ア Ken was.　　　　　イ Ken did.　　　　ウ Yes, I was

　エ We were in the library.　　　　オ He broke the window.

016 対話が完成するように，（　）内に入る最も適当なものをア～エから選び，記号を○でかこみなさい。

① A: (　　　　) the books interesting?

　B: I read only one of them, and it was good.

　ア Was　　　　イ Were　　　　ウ Do　　　　エ Did

② A: (　　　　) the hotel have a restaurant?

　B: Yes, but we went out and had dinner.

　ア Is　　　　イ Was　　　　ウ Do　　　　エ Did

017 （　）内に適当な語を入れて，次の英文を完成しなさい。

① Tom and I (　　　　) students at New York University three years ago.

（石川・金沢工業高専 改）

② A: (　　　　) you a member of the group last year?

　B: Yes, I (　　　　).

（兵庫・関西学院高）

③ A: How (　　　　) the movie?

　B: It (　　　　) exciting. I liked it very much.

解答の方針

015 疑問詞で始まる疑問文は Yes / No では答えられない。質問に答える文中での be 動詞と do / does / did の使い分けに注意。　⑤ such [sətʃ, sʌtʃ] そのような

016 ② hotel [houtél] ホテル　restaurant [réstərənt] レストラン　go out 外出する

017 ① New York University ニューヨーク大学　② member [mémbər] メンバー，会員　group [grúːp] グループ，団体

018 次の文を（　　　）内の指示に従って書きかえなさい。

① This book was difficult for me.（book を books にかえた形に） （大阪・羽衣学園高）

_____

難 ② I was <u>at home</u> this afternoon.（下線部が答えの中心となる疑問文に）

_____

019 各組の２文の表す内容がほぼ同じになるように，（　　　）内に適当な１語を入れなさい。

① My grandfather sang very well.

My grandfather (　　　　) a very (　　　　) (　　　　). （神奈川・法政大第二高）

② When is your birthday?

When (　　　　) you (　　　　)? （大阪信愛女学院高改）

③ Did it rain last night?

(　　　　) it rainy last night?

020 下線部が誤っているものをア〜エから１つ選び，記号を○でかこみなさい。

きのうはとても寒かったので，彼女は家にいて本を数冊読んだ。

ア<u>It's</u> very cold yesterday, イ<u>so</u> she stayed at home ウ<u>and read</u> エ<u>some</u> books. （神奈川・横須賀高改）

021 次の文を英語になおしなさい。

① 私たちは疲れてはいませんでした。

_____

② 部屋の中は暗かったですか。

_____

難 ③ 私たちは８時までここにいました。 （神奈川・法政大第二高）

_____

解答の方針

019 ① sang は sing（歌う）の過去形。　③ rain（雨が降る）は動詞，rainy（雨降りの）は形容詞。

021 ①「疲れている」は tired。　② it を主語にする。　③「〜まで」は until [till]。

3 過去進行形

022 [現在進行形・過去進行形]

（　　）内に入る最も適当な語句をア〜ウから選び，記号を○でかこみなさい。

① He (　　　) the key under the bed.

　ア find　　　イ found　　　ウ was finding

② I (　　　) my homework at ten last night.

　ア did　　　イ am doing　　　ウ was doing

③ When I saw Takeshi, he (　　) in the park.

　ア runs　　　イ ran　　　ウ was running

④ My brother and I (　　　) a video game when my father came home.

　ア played　　　イ was playing　　　ウ were playing

> **ガイド** 進行中の動作を表すには，〈be 動詞＋動詞の -ing 形〉を使う。
> 〈現在進行形〉I **am eating** lunch.（私は昼食を食べています。）
> 〈過去進行形〉I **was eating** lunch.（私は昼食を食べていました。）

語句 ② homework [hóumwəːrk] 宿題　④ video game テレビゲーム

023 [否定文]

次の文を否定文にかえ，その文を日本語になおしなさい。

① I was having dinner then.

_____

② She was taking a walk this morning.

_____

③ It was raining when I got up.

_____

④ We were watching TV at ten last night.

_____

> **ガイド** 進行形の否定文は，〈be 動詞＋ not ＋動詞の -ing 形〉で表す。
> 〈現在進行形〉I'm **not eating** lunch.（私は昼食を食べているところではありません。）
> 〈過去進行形〉I **wasn't eating** lunch.（私は昼食を食べていませんでした。）

語句 ② take a walk [wɔ́ːk] 散歩をする

024 〉[疑問文とその答え方]

(　　　)内に適当な1語を入れ，対話を完成しなさい。

① (　　　　　) you sleeping when I called you?

　― Yes, I (　　　　　).

② (　　　　　) it raining when you left home?

　― No, (　　　　) (　　　　　).　It was sunny.

③ (　　　　　) you doing your homework at ten last night?

　― No, (　　　　) (　　　　). (　　　　) (　　　　) watching TV.

④ (　　　　　) you and Keiko (　　　　　) for someone at the station?

　― Yes. (　　　　) (　　　　) waiting for our friend.

> ガイド Yes / No で答える進行形の疑問文は，現在なら〈**Am / Is / Are** ＋主語＋動詞の **-ing 形 ...?**〉，過去なら〈**Was / Were** ＋主語＋動詞の **-ing 形 ...?**〉。答えるときも be 動詞を使う。

語句　① sleep [slíːp] ねむる　call [kɔ́ːl] ～に電話する　② leave [líːv] home 家を出る
④ wait [wéit]for ～ ～を待つ

重要 025 〉[疑問詞で始まる疑問文]

日本文の意味を表すように，(　　　)内の語をならべかえなさい。

① 子どもたちはどこで遊んでいましたか。

(playing / the / were / children / where)?

_____

② あなたは昼食に何を食べていたのですか。

(you / eating / what / lunch / were / for)?

_____

③ だれがギターをひいていたのですか。

(the / playing / who / guitar / was)?

_____

④ 何人の生徒が教室をそうじしていましたか。

(students / cleaning / the / many / were / how / classroom)?

_____

> ガイド 疑問詞で始まる進行形の疑問文には，次の２つの形がある。
> (A)疑問詞＋ **be** 動詞＋主語＋ **-ing 形 ...?**　　　（例）What are you doing?
> (B)疑問詞[＝主語]＋ **be** 動詞＋ **-ing 形 ...?**　　（例）Who is singing?
> when・where・why・how などは(A)の形，who・what・which などは(A)(B)の形で使う。

語句　③ play the guitar [gitáːr] ギターをひく

最高水準問題 ──────────────────────── 解答 別冊 p.4

026 （　）内に入る最も適当な語句をア～エから選び，記号を○でかこみなさい。

① My brother and I (　　　) cleaning the windows when my parents came home.

　ア　am　　　　イ　are　　　　　ウ　was　　　　エ　were　　　（栃木県）

② Jane (　　　) in the library when I saw her an hour ago.

　ア　studies　　イ　was studying　　ウ　has studied　　エ　is studying

（山梨・駿台甲府高）

③ When you called me last night, I (　　　) a bath.

　ア　took　　　イ　was taken　　　ウ　was taking　　エ　have taken

（北海道・北海高）

④ (　　　) studying in the library.

　ア　One of the students was　　　　イ　One of the students were

　ウ　One of the student was　　　　エ　One of the student were

　オ　Ones of the student was　　　　（東京・東京農業大第一高）

027 次の文を（　　　）内の指示に従って書きかえなさい。

① I was talking to <u>Mr. and Mrs. Smith</u>. （下線部が答えの中心となる疑問文に）

（神奈川・日本大高）

_____

難 ② Tom lay on the bed. （過去進行形の文に）

_____

028 日本文の意味を表すように，（　　　）内に適当な1語を入れて，英文を完成しなさい。

① 彼はその店の前で，彼女を待っていました。

　He was (　　　　) (　　　　) her in front of the shop.　（茨城・茗渓学園高）

② 子どもたちはテレビゲームをしてはいませんでした。

　The children (　　　　) (　　　　) a video game.

③ 君がけさ起きたとき，雨が降っていましたか。

　(　　　　) (　　　　) raining when you got up this morning?

解答の方針

026 ① parent [péərənt] 親　come home 帰宅する　② an hour ago 1時間前
　　③ take a bath 入浴する　④「生徒たちのひとりは図書館で勉強していた」という意味の文。
027 ① talk to ～ ～と話す　② lay は lie(横になる)の過去形。

029 次の文中の誤っている1語を○で囲み，正しい1語を（　　　）内に書きなさい。

① The students weren't studied English then.　（　　　　　）　　　　　　　（京都・立命館高）

② One of the students in the class weren't listening to the teacher quietly.

　　（　　　　　）　　　　　　　　　　　　　　　　　　　　　　　　　　（京都・立命館高）

030 日本文の意味を表すように，（　　　　）内の語句をならべかえなさい。

① 昨日の7時には何をしていたの？

　（ doing / at seven / what / were / yesterday / you ）?　　　（北海道・函館ラ・サール高改）

② 君は教室でだれと話していたの？

　（ the classroom / who / talking / you / were / with / in ）?

031 次の会話が成り立つように，（　　　　）内の語をこの順番で用いて，＿＿＿に英文を書きなさい。

Emi: Hello, this is Emi. Can I talk to Kate?

Kate: This is Kate.

Emi: Oh, Kate. ＿＿＿＿＿＿＿＿＿＿＿＿＿＿＿＿＿＿＿? (you, doing, night)

　　　I called you again and again after 9 o'clock.　　　　　　　　　　（愛知県）

032 次の文を英語になおしなさい。

① 鳥たちが森の中でさえずっていました。（sing, woods を使って）

② だれがピアノをひいていたのですか。

③ 私たちはそのときテレビを見てはいませんでした。

解答の方針

029 ② quietly [kwáiətli] 静かに

030 ② talk with 〜 〜と話す

032 ② who は単数と考える。　③「そのとき」は then。

4 be going to

（解答）別冊 p.5

標 準 問 題

重要 033 〉[be going to の用法と意味]

日本文の意味を表すように，（　　）内に適当な1語を入れなさい。

① 私はこのカメラを買うつもりです。

I am (　　　　) (　　　　) buy this camera.

② 私たちは北海道へ旅行する予定です。

We (　　　　) (　　　　) to take a trip to Hokkaido.

③ 雨が降りそうです。かさを持って行きなさい。

(　　　　) (　　　　) to rain. Take your umbrella.

ガイド 〈be 動詞＋ going to ＋動詞の原形〉は未来の内容を表し，次のような意味を持つ。
(A)「～する予定だ」　(B)「（今にも）～しそうだ」
be 動詞は，主語に応じて am / are / is を使い分ける。I'm going to ～のような短縮形にもできる。

語句 ② take a trip (to ～) (～へ) 旅行する　③ umbrella [ʌmbrélə] かさ

034 〉[否定文・疑問文]

次の文を（　　）内の指示に従って書きかえなさい。

① We are going to change our plan.（否定文に）

_____

② He is going to start tomorrow.（疑問文に）

_____

③ I'm going to learn Chinese.（下線部が答えの中心となる疑問文に）

_____

ガイド be going to の否定文は，be 動詞の後ろに not をつける。
主語＋ be 動詞＋ not going to ＋動詞の原形 ...（～しない予定だ）
be going to の疑問文には，次のような形がある。
(1) Yes / No で答える疑問文は be 動詞を主語の前に出す。
　be 動詞＋主語＋ going to ＋動詞の原形 ...?（～する予定ですか）
(2) 疑問詞で始まる疑問文
　(A)疑問詞＋ be 動詞＋主語＋ going to ＋動詞の原形 ...?
　(B)疑問詞[＝主語]＋ be 動詞＋ going to ＋動詞の原形 ...?
　when・where・why・how などは(A)の形，who・what・which などは(A)(B)の形で使う。

最 高 水 準 問 題 解答 別冊 p.5

035 ( )内に入る最も適当な語句をア〜エから選び，記号を○でかこみなさい。

① Is your father ( ) to go to Osaka tomorrow?

　ア will　　　イ going　　　ウ can　　　エ doesn't　　　（石川・金沢工業高専）

② A: Let's play tennis next Saturday.

　B: That's a good idea! ( )

　A: At three o'clock in the afternoon.

　ア How long will we play tennis?　　　イ Where will we play tennis?

　ウ What time are we going to meet?　　エ What are you going to play?　（福岡県）

036 次の2文の表す内容がほぼ同じになるように，( )内に適当な1語を入れなさい。

What are your plans for this weekend?

What are you ( ) to do this weekend?　　　（北海道・函館ラ・サール高）

037 次の対話が成り立つように，( )内の語句をならべかえて英文を完成し，下線に書きなさい。

Teacher: Welcome to our English school. (to / are / long / going / study / you / how) here?

Student: For a month. I'm here on my summer vacation.　　　（山形県）

_____

難 038 次の対話が成り立つように，＿＿に4語以上の英文を書きなさい。

A: I'm going to do the volunteer activity with my friends tomorrow morning.

B: _____?

A: We're going to clean the beach. Can you come? We'll begin at ten.　（徳島県）

039 be 動詞を用いて，次の文を英語になおしなさい。

私のおばさんは次の火曜日にカナダを発つつもりです。　　　（広島・近畿大附福山高）

_____

解答の方針

035 ② That's a good idea! いい考えだね。

036 plan 計画　weekend 週末

037 Welcome to ～. ～へようこそ。

038 volunteer [vɑləntíər] activity [æktívəti] ボランティア活動　beach 浜辺

039 「～を発つ」は leave。

5 will

040 ▷ [will を用いた未来の表し方]

（　）内に入る最も適当な語句をア～ウから選び，記号を○でかこみなさい。

① I (　　) tennis with my friends every Sunday.

　ア play　　　　　　イ am playing　　　ウ will play

② I (　　) you this evening.

　ア call　　　　　　イ am call　　　　　ウ will call

③ He (　　) to the party on Friday.

　ア will come　　　　イ will comes　　　ウ will to come

④ It (　　) cold tomorrow. Let's play at my house.

　ア is　　　　　　　イ will　　　　　　ウ will be

> **ガイド**　will は未来を表す助動詞で，常に〈**will ＋動詞の原形**〉の形で使う。

重要 041 ▷ [単なる未来と意志を表す未来]

will の意味に注意して，次の文を日本語になおしなさい。

① I'll be back before 5 o'clock.

──────────────────────

② It'll be rainy in the afternoon.

──────────────────────

③ If it is fine this weekend, we'll go for a drive.

──────────────────────

④ Someone will help you with your work.

──────────────────────

> **ガイド**　will は次の2とおりの意味で使う。
> 　(A)「～するつもりだ」「（これから）～します」（主語が I・we のとき）
> 　(B)「～するだろう」（主語は何でもよい）
> 　I will → I'll, he will → he'll, it will → it'll のような短縮形にすることもできる。

> **語句**　① be back 戻る　③ go for a drive ドライブに行く
> 　④ help ～ with ... ～(人)の…(仕事など)を手伝う

042 〉[未来の否定文]

次の文を否定文にかえ，その文を日本語になおしなさい。

① It will be warm tomorrow.

(否定文) _____

(訳) _____

② We will go shopping on Saturday.

(否定文) _____

(訳) _____

③ My father will buy a new bike for me.

(否定文) _____

(訳) _____

> ガイド will を使った文の否定文は，will の後ろに not をつけてつくる。will not の短縮形は won't [wóunt]。
> 　　主語 + **will not [won't]** +動詞の原形
> 　　=(A)「〜しないだろう」　(B)「〜しないつもりだ」

語句 　① warm [wɔ́ːrm] 暖かい　② go shopping 買い物に行く　③ bike 自転車

043 〉[疑問文と答え方]

日本文の意味を表すように，(　　)内に適当な1語を入れ，英文を完成しなさい。

① 彼女はパーティーに来るでしょうか。―ええ，来るでしょう。

(　　　　) she come to the party? — Yes, she (　　　　).

② 私たちは来週忙しいでしょうか。―いいえ，忙しくないでしょう。

(　　　　) we (　　　　) busy next week? — No, we (　　　　) not.

③ 彼らはそのホテルに泊まるでしょうか。―いいえ，泊まらないでしょう。

(　　　　) they stay at the hotel? — No, they (　　　　).

④ バスは何時に着くでしょうか。―6時までに着くでしょう。

What time (　　　　) the bus arrive? — (　　　　) arrive by six.

⑤ だれが最初に来るでしょうか。―タケシくんでしょう。

(　　　) (　　　　) come first? — Takeshi (　　　　).

> ガイド will を使った文の疑問文は，主語と will を入れかえてつくる。答えの文は will を使う。
> 　　**Will** +主語+動詞の原形 **...?** = 〜するだろうか。
> 　　— **Yes,** 主語 + **will.** / **No,** 主語 + **won't [will not].**
> 　　※「〜するつもりですか。」の意味ではあまり使わない。

語句 　③ stay at 〜 〜に泊まる　④ arrive [əráiv] 到着する　by 〜 〜までに

最 高 水 準 問 題 ——————————————— 解答 別冊 p.6

044 日本文の意味を表す正しい文の記号を○でかこみなさい。

あなたは来週の日曜日に何をするつもりですか。

ア What will you do next Sunday?

イ What you will do next Sunday?

ウ What were you doing next Sunday?

エ Are you going to do next Sunday?　　　　　　　　　　　　　　　　　　　　　（千葉・市川高）

045 （　　）内に入る最も適当な語句をア〜エから選び，記号を○でかこみなさい。

① I feel very cold. Will (　　　) be snowy tomorrow?

　ア there　　　　イ we　　　　　ウ it　　　　　　エ that　　　　（山梨・駿台甲府高）

② A: Good morning, Mother. It is Saturday today, but I need to go to school.

　B: All right. What time (　　　) home? Can you eat lunch with us?

　ア you have come　　　　　　イ were you going

　ウ will you come　　　　　　エ did you go　　　　　　（神奈川・平塚江南高）

③ A: Would you like to go to the museum with me tomorrow?

　B: I'd love to, but I'll be busy tomorrow.

　A: Well, (　　　) you free on Sunday?

　ア do　　　　　イ are　　　　ウ will　　　　エ can　　　　　（岩手県）

④ How (　　　) you go to Fukuoka next Sunday?

　ア have　　　　イ are　　　　ウ did　　　　エ will　　　　（熊本・九州学院高）

⑤ I usually (　　　) at six thirty and leave home at seven thirty.

　ア get up　　　イ got up　　　ウ will get up　　　エ am getting up

⑥ A: The phone is ringing.

　B: OK. (　　　) answer it.

　ア I　　　　　イ I'll　　　　ウ I'm　　　　エ I'm going to

解答の方針

045 ① snowy [snóui] 雪の多い，雪の降る　② need to go 行く必要がある

　③ museum [mjuːzíːəm] 博物館　I'd love to 〜 = I'd like to 〜〜したいと思う。to の後ろに go to the museum が省略されている。

　⑤ usually [júːʒuəli] ふだんは　⑥ phone 電話　ring 鳴る

046 日本文の意味を表すように，（　　）内の語句をならべかえなさい。

① 滞在中のあなたのご親切は決して忘れないでしょう。　　　　　　　　　（大阪・羽衣学園高改）

I (kindness / stay / will / your / my / never / during / forget).

_____

② 来週の天気はどうでしょうか。

(the / be / how / will / weather) next week?

_____

③ 母は8時まで帰って来ません。

My mother (until / not / be / eight / back / will).

_____

047 次の文を（　　）内の指示に従って書きかえなさい。

① We were busy yesterday. （yesterday を tomorrow にかえて）

_____

② The shop will open at ten. （下線部が答えの中心となる疑問文に）

_____

③ They will go bowling tomorrow. （下線部が答えの中心となる疑問文に）

_____

048 次の文を英語になおしなさい。

① あしたは雨が降るでしょうか。（rain を使って）

_____

② 彼らは来週の月曜日は忙しくないでしょう。

_____

③ 今日は夕食の後で宿題をします。

_____

解答の方針

046 ① forget [fərɡét] 忘れる　kindness [káindnəs] 親切　during [d(j)úəriŋ] ～の間
　　② weather [hwéðər] 天気
047 ③ go bowling ボウリングに行く
048 ③ 「宿題」は homework。

6 Shall I 〜? / Will you 〜?

049 [Shall I 〜?]

(　　)内に入る最も適当な語句をア〜ウから選び，記号を○でかこみなさい。

① The bag is heavy. (　　) I carry it?

　ア Do　　　　　イ Will　　　　　ウ Shall

② (　　) open the window? — Yes, please.

　ア Will you　　イ Shall I　　　ウ Shall we

③ (　　) play cards after dinner? — Yes, let's.

　ア Will I　　　イ Shall I　　　ウ Shall we

④ What time (　　) get together? — How about five thirty?

　ア am I　　　　イ shall I　　　ウ shall we

> **ガイド** shall は次の2とおりの形で使う。
> (A) **Shall I ＋動詞の原形 ...?**（[私が]〜しましょうか。）— **Yes, please.**（ええ，お願いします。）
> (B) **Shall we ＋動詞の原形 ...?**（[いっしょに]〜しましょうか。）— **Yes, let's.**（そうしましょう。）

> **語句** ① heavy [hévi] 重い　carry [kǽri] 運ぶ　③ play cards トランプ遊びをする
> ④ get together [təgéðər] 集まる　How about 〜? 〜はどうですか。

◆ **050** [Will you 〜?]

次の文を日本語になおしなさい。

① Will you wash the dishes after breakfast?

_____

② Will you please close the window?

_____

③ Will you have a cup of tea?

_____

> **ガイド** 〈**Will you ＋動詞の原形 ...?**〉は，次の2とおりの意味で使う。
> (A)「〜してくれませんか。」（依頼）　(B)「〜しませんか。」（勧誘）
> (A)では，please をつけるとよりていねいになる。「いいですよ。」と答えるときは，All right.,
> OK., Sure. などと言う。(B)の場合は Thank you.（ありがとう。）または No, thank you.（いいえ，けっこうです。）などで答える。

> **語句** ① breakfast [brékfəst] 朝食　② close [klóuz] 閉める　③ a cup of 〜 （カップ）1杯の〜

最高水準問題
解答 別冊 p.7

051 対話が成り立つように，（　　）内に入る最も適当な語句をア〜エから選び，記号を○でかこみなさい。

① A: （　　）

B: Thank you. This desk is too heavy.

ア Will you help me?　　イ Shall I help you?

ウ May I use this desk?　　エ Did you help me?　　(栃木県)

② "Thank you for inviting me. What time (　　) I come?"

ア shall　　イ will　　ウ have　　エ was　　(秋田県)

③ A: Will you show me the way to the station?

B: （　　）

ア Yes, you will.　　イ Yes, please.

ウ Yes, I do.　　エ All right.　　(東京・駒込高)

④ A: Hi, Manabu. （　　）

B: I'm sorry, I can't. I must study math today.

ア Can I carry your bag?　　イ Which book should I read?

ウ Shall we play tennis in the park?　　エ Where can I buy the ticket?

(沖縄県 改)

052 各組の2文の表す内容がほぼ同じになるように，（　　）内に適当な1語を入れなさい。

① Please come to my house this afternoon.

（　　）（　　） come to my house this afternoon?　　(兵庫・甲南高)

② Shall we go to the library after school?

（　　）（　　） to the library after school.　　(広島・近畿大附福山高)

053 対話が成り立つように（　　）内の語をならべかえなさい。

A: Will you help me with this box?

B: OK. (I / it / where / shall / put)?　　(千葉県)

難 054 次のような場合，英語では何と言いますか。2語以上の英語を入れて，英文を完成しなさい。

＿＿＿＿＿＿＿＿＿＿ me?

（相手に手伝ってほしいことがあるとき）　　(富山県)

解答の方針
051 ② invite [inváit] 招待する　④ math [mǽθ] 数学

7 can, may

標 準 問 題 ————————————————————————— 解答 別冊 p.7

重要 055 〉[can, could と be able to]
次の文を（　　　）内の指示に従って書きかえなさい。

① I can sing this song.（否定文に）

_____

② Hideo can use this software.（疑問文に）

_____

③ The American boy can speak Japanese a little.（過去の意味を表す文に）

_____

④ You can get the ticket.（未来の意味を表す文に）

_____

> **ガイド**　「～できる」は〈**can** ＋動詞の原形〉または〈**be able to** ＋動詞の原形〉で表す。
>
> | 彼は～できる | 彼は～できない | 彼は～できますか | 彼は～できた |
> |---|---|---|---|
> | He **can** ～ | He **can't [cannot]** ～ | **Can** he ～ ? | He **could** ～ |
> | He **is able to** ～ | He **isn't able to** ～ | **Is** he **able to** ～ ? | He **was able to** ～ |
>
> will と can を並べて使うことはできないので，「～できるだろう」は **will be able to** ～で表す。

語句　② software [sɔ́(ː)ftweər]（パソコンの）ソフト　③ a little 少し　④ ticket きっぷ，チケット

056 〉[can の意味]
次の英文を日本語になおしなさい。

① Can you see the tower on the hill?

_____

② You can use my umbrella.

_____

③ Could you please wait for a minute?

_____

> **ガイド**　can の主な意味は，(A)「～できる」（可能）と(B)「～してもよい」（許可）。
>
> **Could you** ～? は「～していただけますか。」という，ていねいな依頼の意味を表す。

語句　① tower [táuər] 塔　hill 丘　③ for a minute [mínət] 少しの間

◆重要 057 〉[may の意味]

次の英文の日本語訳を完成しなさい。

① You may go home after you finish this job.

あなたはこの仕事が終わった後で＿＿＿＿＿＿＿＿＿＿＿＿＿＿＿＿＿＿＿＿。

② May I use this desk?

この机を＿＿＿＿＿＿＿＿＿＿＿＿＿＿＿＿＿＿＿＿＿＿＿＿＿＿＿＿＿＿＿。

③ You may not play soccer in the gym.

君たちは体育館の中で＿＿＿＿＿＿＿＿＿＿＿＿＿＿＿＿＿＿＿＿＿＿＿。

④ Take your sweater. It may become cold.

セーターを持って行きなさい。＿＿＿＿＿＿＿＿＿＿＿＿＿＿＿＿＿＿＿。

⑤ The news may not be true.

そのニュースは＿＿＿＿＿＿＿＿＿＿＿＿＿＿＿＿＿＿＿＿＿＿＿＿＿＿。

> ガイド may は次の2とおりの意味を表す。どちらも may の後ろは〈動詞の原形〉。
>
> | | 主語＋ **may** ～ | 主語＋ **may not** ～ | **May** ＋ I [we] ＋～ ? |
> |---|---|---|---|
> | 許可 | ～してもよい | ～してはいけない | ～してもいいですか |
> | 推量 | ～かもしれない | ～ではないかもしれない | ― |

語句 ① job [dʒáb] 仕事　③ gym [dʒím] 体育館　④ sweater [swétər] セーター
⑤ news [n(j)úːz] ニュース　true 本当の

058 〉[may の疑問文と答え方]

日本文の意味を表すように，（　　　）内に適当な1語を入れなさい。

① ここにすわってもいいですか。 ―ええ，いいですよ。

（　　　　）（　　　　　）sit here? ― Yes, you（　　　　　）.

② ひとつ質問してもいいですか。 ―もちろんです。

（　　　　）I ask a question? ―（　　　　　）course.

③ 私たちはここに自転車をとめてもいいですか。 ―いいえ，いけません。

（　　　　）we park our bikes here? ― No, you（　　　　）（　　　　）.

④ ヒロシです。エマをお願いします。 ―いいですよ，少し待ってね。《電話で》

This is Hiroshi.（　　　　）I speak（　　　　）Emma?

― Sure. Wait a minute.

> ガイド **May I [we] ～?** は「～してもいいですか。」と許可を求める言い方。次のように答える。
> 「いいですよ。」→ **Yes, you may [can].**, **Sure.**, **Yes, please.** など
> 「いけません。」→ **No, you may not [must not, can't].**, **I'm afraid not.** など
> ※ Can I ～? も「～してもいいですか。」の意味で使えるが，May I ～? の方がていねい。

最 高 水 準 問 題 ————————————————————— 解答 別冊 p.8

059 次の対話が成り立つように，（　　）内に入る最も適当な語句をア～エから選び，記号を○でか
こみなさい。

① A: I'm thirsty. (　　) I have a glass of water?

　 B: Sure.　Here you are.

　 ア Do　　　　イ Can　　　　ウ Shall　　エ Will　　　　　　　　　（智弁学園和歌山高）

② A: Can I go to bed now?

　 B: (　　) But you have to brush your teeth first.

　 ア I'm sorry, I can't.　　　　イ I can go out.

　 ウ Sure.　　エ No, you can't.　　　　　　　　　　　　　　　　　（福岡県）

③ A: Were you (　　) to eat *natto*?

　 B: Yes, I liked it.

　 ア could　　　イ enjoyed　　ウ able　　　エ fond　　　　　　　　（高知学芸高）

④ Miwa:　　　Excuse me, Mr. Green. (　　)

　 Mr. Green: Sure. I am happy to talk with you.

　 Miwa:　　　Thank you very much.　First, how do you like Yamagata?

　 ア May I answer your questions?

　 イ May I ask you some questions?

　 ウ Will you show me the beautiful places?

　 エ Will you help the people in Yamagata?　　　　　　　　　　　（山形県 改）

⑤ A: I have something for you.　I hope you like it.

　 B: Thanks! (　　)

　 ア Are you?　　　　　　　　イ Pardon?

　 ウ May I speak to you?　　エ May I open it?　　　　　　　　　（栃木県）

060 各組の2文の表す内容がほぼ同じになるように，（　　）内に適当な1語を入れなさい。

① Tom can speak English and Japanese.

　 Tom (　　　　) (　　　　) (　　　　) speak English and Japanese.

　　　　　　　　　　　　　　　　　　　　　　　　　　　　　　　　（兵庫・芦屋学園高）

難 ② Please tell me the way to the post office.

　 (　　　　) (　　　　) I get to the post office?　　　　　　　（東京・早稲田実業高）

解答の方針

059 ① thirsty [θə́ːrsti] のどがかわいている　a glass of water コップ1杯の水

　　② go to bed 寝る　brush one's teeth [tíːθ] 歯をみがく

　　⑤ Pardon? もう一度言ってもらえますか。

060 ② post office 郵便局

061 次の問いへの受け答えとして，最も適当な文をア～エから選び，記号を○でかこみなさい。

① It's hot.　Can I open the window?

　　ア Yes, I can.　　　　　　イ Yes, of course.

　　ウ No, I can't.　　　　　　エ No, there isn't.　　　　　（栃木県）

② Excuse me.　Can I take pictures in this museum?

　　ア No, I can't.　　イ Thank you.　　ウ Yes, let's　エ I'm afraid not.　（東京工業大附高）

③ May I use your pen?

　　ア Certainly.　　　　　　イ You're welcome.

　　ウ No, I don't like it.　　　エ All right, I'll use it.　　　（東京・駒込高）

④ May I ask you a question?

　　ア Yes, that's all.　　　　　イ Of course.　That's right.

　　ウ All right.　Here you are.　エ OK.　Go ahead.　　　（東京・実践学園高）

⑤ May I help you?

　　ア Speaking.　　　　　　イ I agree.

　　ウ I'm just looking.　　　　エ You're welcome.　　　　　（栃木県）

062 （　　　　）内の語をならべかえて，英文を完成しなさい。

① A: Hello. This is Lisa. May (to / you / your / speak / I) sister Yuko?

　　B: Sorry, she is not at home now. ［1語不要］　　　　　　（神奈川県）

_____

② 来週の日曜日，彼女と買い物に行ってもいいですか。

　　(I / with / may / Sunday / go / her / next / shopping)?　　（獨協埼玉高）

_____

③ 明日のパーティーに来られますか。

　　(able / you / to / come / be / will) to the party tomorrow?　（千葉・東海大付望洋高）

_____

063 下線に4語以上の英語を入れ，（　　　　）内の場面にふさわしい英文を完成しなさい。

Hello, this is John. _____ Lisa?

（電話でリサと話したいとき）　　　　　　　　　　　　　　　　（秋田県）

解答の方針

061 ⑤ May I help you? いらっしゃいませ(何かお探しですか？　お手伝いしましょうか？)。(店員が客に
　　使う決まり文句)

8 must, have to など

064 〉[must の意味]

次の英文の日本語訳を完成しなさい。

① We must follow the school rules.

　　私たちは校則に＿＿＿＿＿＿＿＿＿＿＿＿＿＿＿＿＿＿＿＿＿＿＿＿＿＿＿＿＿。

② I must be at home all day next Sunday.

　　私は今度の日曜日は1日中＿＿＿＿＿＿＿＿＿＿＿＿＿＿＿＿＿＿＿＿＿＿＿。

③ You must not swim in that river.

　　あなたたちはあの川で＿＿＿＿＿＿＿＿＿＿＿＿＿＿＿＿＿＿＿＿＿＿＿＿＿。

④ The children must be tired after swimming.

　　子どもたちは水泳の後で＿＿＿＿＿＿＿＿＿＿＿＿＿＿＿＿＿＿＿＿＿＿＿。

> **ガイド** must は次の2とおりの意味を表す。どちらも must の後ろは〈動詞の原形〉。
>
> | | 主語＋ must ～ | 主語＋ must not ～ | Must ＋主語＋～ ? |
> |---|---|---|---|
> | 義務 | ～しなければならない | ～してはいけない | ～しなければなりませんか |
> | 推量 | ～にちがいない | ― | ― |

> **語句** ① follow [fálou] ～に従う　school rules 校則　② all day 1日中

重要 065 〉[must の疑問文とその答え方]

日本文の意味を表すように，（　　　）内から適当な語句を選び，記号を○でかこみなさい。

① 私はあしたの朝早起きしなければいけませんか。

　（ ア Do I must　イ Must I) get up early tomorrow morning?

② 私たちは部屋をそうじしなければいけませんか。―ええ，しなければいけません。

　Must we clean the room? ― Yes, you (ア must　イ do).

③ 私は新しい辞書を買わねばなりませんか。―いいえ，その必要はありません。

　Must I buy a new dictionary? ― No, you (ア must not　イ don't have to).

> **ガイド** **Must ＋主語＋動詞の原形 ～?**（～しなければなりませんか。）に対しては，次のように答える。
> **Yes, 主語＋ must.**（はい，そうしなければなりません。）
> **No, 主語＋ don't [doesn't] have to.**（いいえ，そうする必要はありません。）
> ※ No, you must not. は「いいえ，してはいけない。」の意味になる点に注意。

> **語句** ① tomorrow morning あしたの朝

◆重要 066 〉[have to, had to]

次の文を（　　　）内の指示に従って書きかえなさい。

① He must practice tennis hard.（must を使わないでほぼ同じ意味の文に）

___

② Must I finish this work today?（must を使わないでほぼ同じ意味の文に）

___

③ I must wait for an hour.（過去の意味を表す文に）

___

④ You must change your schedule.（未来の意味を表す文に）

___

> ガイド must = have to。ただし，次のように使い分ける。
>
> | | 現在 | 過去 | 未来 |
> |---|---|---|---|
> | must | You [He] must ~ | — | — |
> | have to | You have to ~
 He has to ~ | You [He] had to ~
 ~しなければならなかった | You [He] will have to ~
 ~しなければならないだろう |

語句　① hard 一生懸命に　④ schedule [skédʒuːl] 予定

067 〉[should, would like (to)]

日本文の意味を表すように，（　　）内に適当な1語を入れなさい。

① あなたは医者にみてもらう方がいい。

　You (　　　　　) see a doctor.

② 私たちはエネルギーをむだ使いすべきではない。

　We (　　　　) (　　　　　) waste energy.

③ 冷たい水が1杯ほしい。

　I (　　　　) like a glass of cold water.

④ 私はカナダへ旅行したい。

　I'd (　　　　) (　　　　　) travel to Canada.

> ガイド　should は shall，would は will の過去形だが，主に次のような意味を表す。
> **主語＋ should ＋動詞の原形**（～すべきだ，～する方がよい）
> **主語＋ should not [shouldn't] ＋動詞の原形**（～すべきではない，～しない方がよい）
> **主語＋ would like ＋名詞**（～がほしい）
> **主語＋ would like to ＋動詞の原形**（～したい）

語句　① see a doctor 医者にみてもらう
　② waste [wéist] ～をむだ使いする　energy [énərdʒi] エネルギー　④ travel 旅行する

最高水準問題 ——————————————————————— 解答 別冊 p.9

068 （　　）内に入る最も適当な語句をア〜エから選び，その記号を○でかこみなさい。

① A: Do you have (　　　) work tomorrow?

B: No, I don't. Tomorrow is Sunday.

ア in　　　　　イ with　　　　ウ for　　　　　エ to　　　　　（石川・金沢工業高専）

② A: Must I stay here?

B: No, you don't (　　　).

ア must　　　　イ have to　　　ウ go there　　　エ live here　　　（高知学芸高）

③ He was able to answer the difficult question, so he (　　　) be clever.

ア must　　　　イ won't　　　　ウ couldn't　　　エ have to　　　（神奈川・法政大女子高）

④ A: I have to go to Korea next week. Will you take care of my dog?

B: (　　　) I will not be at home next week.

ア I'd like to, but I can't.　　イ Where have you been?

ウ I can take you there.　　　エ Can you help me?　　　（東京・国立工業高専 改）

069 次の対話が完成するように，（　　　）内に入る最も適当な語句をア〜カから1つずつ選び，その記号を書きなさい。

A: ①(　　　) like a cup of tea?

B: Yes, ②(　　　).

ア Would you　　イ Could you　　ウ Do you　　エ please　　オ let's　　カ I am

（神奈川・湘南高）

070 各組の2文の表す内容がほぼ同じになるように，（　　　）内に適当な1語を入れなさい。

① Must I finish the work today?

(　　　　) I (　　　　) to finish the work today?　　　　（広島・近畿大附東広島高）

② Don't speak Japanese here.

You (　　　　) (　　　　) speak Japanese here.　　　　（広島・近畿大附福山高）

解答の方針

068 ③ clever [klévər] 頭がいい　④ Korea [kəríːə] 韓国，朝鮮　take care [kéər] of 〜 〜の世話をする
069 a cup of 〜 カップ1杯の〜

071 （　　　）内の語をならべかえて，英文を完成しなさい。

① [At a station]

A: Excuse me. I want to go to Shirakawa. (which / I / should / take / train)?

B: Take the train on Track 2.　　　　　　　　　　　　　　　　　（福島県）

② トムのお父さんはいつ東京を出発しなければならないのですか。

When (does / have / leave / to / Tokyo / Tom's father)?　　　（埼玉・城西大付川越高）

③ A: Excuse me. Children can't go into that room without their father or mother.

B: (do / for / have / here / I / can / to / until / stay) my father or mother comes?［2語不要］

A: That's right.　　　　　　　　　　　　　　　　　　　　　（神奈川・湘南高）

④ A: (you / when / would / time / like / what / are) to start?［2語不要］

B: I want to start at seven in the morning.　　　　　　　　　　（神奈川・鎌倉高）

072 次の英文を指示に従って書きかえなさい。

He must study hard. （過去の文に）　　　　　　　　　　　　　（佐賀・東明館高）

073 会話が成り立つように，（　　　）内の語をこの順番で用いて，下線に英文を書きなさい。

Keiko: We're planning a party at my house in the evening. We'll be happy if you join us.

Carlo: I'd love to. ① _____? (can, walk, your)

Keiko: Yes, you can. But walking will take time, so you should take a bus.

Carlo: OK. Do I have to bring some food?

Keiko: No. ② _____. (you, have, anything) Just bring yourself.　　　　　　　　（愛知県）

解答の方針

071 ① Track 2 2番線[ホーム]　③ go into ～ ～の中へ入る

073 plan 計画する　join 加わる　take time 時間がかかる　Just bring yourself. 手ぶらで来てください。

1 ( )内に入る正しい語句の記号を○でかこみなさい。 (各2点, 計12点)

① Kenji ( ) a book when I called him last night.
　　ア reads　　　イ will read　　　ウ was reading　　　エ is reading　　(熊本・九州学院高)

② A: Who broke the window? — B: ( )
　　ア It's Tom.　　イ It was Tom.　　ウ Tom did.　　エ Tom was.　　(千葉・成田高)

③ A: Tom, would you like some more? — B: ( )
　　ア No, it wasn't.　　　　　　　イ Yes, I like.
　　ウ Here you are.　　　　　　　エ No, thank you.　　(茨城・東洋大付牛久高)

④ A: Shall we go to see the movie tomorrow? — B: Yes, ( ).
　　ア let's　　　イ please　　　ウ we can　　　エ we shall　　(広島・比治山女子高)

⑤ She wasn't ( ) to answer the last question.
　　ア have　　　イ able　　　ウ easy　　　エ can　　(東京・戸板女子高)

⑥ A: Will you come to our party? — B: ( )
　　ア With pleasure.　　　　　　イ Good job!
　　ウ Yes, please.　　　　　　　エ Yes, let's.　　(東京・日本大豊山女子高)

2 各組の2文の表す内容がほぼ同じになるように, ( )内に適当な1語を入れなさい。
(各3点, 計12点)

① Don't run in the building.
　　You ( ) ( ) run in the building.　　(兵庫・芦屋学園高)

② You may go home now.
　　You ( ) ( ) to stay here now.　　(大阪・履正社高)

③ Please pass me the sugar.
　　( ) ( ) pass me the sugar?　　(山梨学院大附高)

④ Let's start at once.
　　( ) ( ) start at once?　　(山梨学院大附高)

3 （　　）内に適当な1語を入れて，英文を完成しなさい。ただし，文字が与えられているときはその文字で始まる語を入れなさい。 (各3点，計12点)

① A: Nick put his message on your desk a few minutes ago.

B: (　　　　　) he? Oh, this is it. Thank you for telling me that. （東京・駒澤大高）

② A: I don't have my dictionary. Can I use yours?

B: Yes, of (c　　　　). （奈良・天理高）

③ 空が暗くなってきた。すぐに雨が降るでしょう。

The sky is getting dark. It's (　　　　) (　　　　) (　　　　) soon. （山梨学院大附高）

④ 彼女は私たちと一緒に来る必要はない。

She (　　　　) (　　　　) to come with us. （大阪・帝塚山学院高）

4 日本文の意味を表すように，（　　）内の語をならべかえて英文を完成しなさい。 (各4点，計12点)

① 今回，どんな花を持って行ったらよいですか。

(flowers / bring / kinds / I / what / should / of) this time? （東京・実践学園高）

_____

② 彼はその仕事をする必要はないでしょう。

(work / have / he / not / do / the / will / to). （東京・日本大豊山女子高[改]）

_____

③ 答えは鉛筆で書いてはいけません。[1語不足]

(you / with / answers / not / a / write / pencil).

_____

5 次の文を英語になおしなさい。 (各5点，計15点)

① 彼はなぜけさ早く起きたのですか。 （大阪・履正社高）

_____

② 他人には親切にすべきだ。 （大阪・帝塚山学院高）

_____

③ 明日の午後，テニスをしませんか。 （岡山白陵高）

_____

6 次の文章は，ホワイト先生が生徒に話した内容です。これを読んで下の問いに答えなさい。

（大阪府図）（①・③各2点，②3点，計19点）

　　Yesterday, I was reading a book in the teachers' room. It was lunch time, and three teachers were (1)(have) coffee at the table. Then the science* teacher came in and said to me, "(　　) you come to the school library with me? I'll show you something there."

　　I said OK and the two of us went to the library. When we got there, he said, "Oh, I didn't bring my notebook. It's on your desk in the teachers' room. Shall we go back?" So, we (2)(go) back to the room. When I opened the door, so many teachers (3)(be) there and they said, "Happy birthday!" I was surprised and very happy. There was a big cake on my desk. Not the science teacher's notebook. He was smiling*.

（注）science 理科　　smile ほほえむ

① (1)～(3)の動詞を文中での適当な形（1語）にかえ，（　　）内に書きなさい。

　　(1) (　　　　　　　)　　(2) (　　　　　　)　　(3) (　　　　　　　)

② (　　　)内に入る適当な語をア～エから1つ選び，記号を○でかこみなさい。
　　ア Were　　　　イ Will　　　　ウ Shall　　　　エ May

③ 本文の内容と一致するときは○，一致しないときは×を，（　　）内に書きなさい。
　　ア ホワイト先生は職員室で昼食を食べていた。　　　　　　　　（　　）
　　イ ホワイト先生と理科の先生は図書館へは行かなかった。　　　（　　）
　　ウ 理科の先生の机の上にケーキが置いてあった。　　　　　　　（　　）
　　エ ホワイト先生の机の上にはノートはなかった。　　　　　　　（　　）
　　オ その日はホワイト先生の誕生日だった。　　　　　　　　　　（　　）

7 姉と弟の会話を読んで，下の問いに答えなさい。 　(石川県囲) (①各3点, ②5点, ③4点, 計18点)

Lucy: What are the plans for next Saturday, Mike?　If you are free, let's go shopping and buy a present for Father's Day.

Mike: That's a good idea, Lucy, but I have a baseball game on Saturday.　How about Sunday?

Lucy: On Sunday, I'll meet my friend, Lisa, at the library near the station to study about our town.

Mike: (1)(　　　　　) it take* all day?

Lucy: Maybe, but we (2)(　　　　　) finish before 5 o'clock because they close the library then.　After that, I (3)(　　　　　) go with you.

Mike: Then, let's meet at the station at 5:15 and go to the new shopping center near the station.

Lucy: OK. I hear there are many shops in the shopping center.　I think we can find a nice present for our father there.

Mike: Hmm...　do you have any ideas for a present?

Lucy: Well, I'm thinking about a pen, a necktie*, or a watch.

Mike: Oh, now I remember.　Last night he said he broke his cup at the office.　He really liked that cup and he was a little sad about (4)that.　How about a new cup?

Lucy: Sounds good!　(5)お父さんはそれを気に入るでしょう。

　　(注) take (時間が)かかる　necktie ネクタイ

① (1)〜(3)の(　　)内に，次のうちから1語ずつ選んで入れなさい。

　〔 will / shall / can / must 〕

② 下線部(4)の that の指す内容を日本語で書きなさい。

_____

③ 下線部(5)を英語になおしなさい。

_____

9 不定詞の名詞的用法

重要 074 [目的語になる不定詞]

日本文の意味を表すように，（　　　）内から適当な語句を選び，記号を○でかこみなさい。

① 私は音楽を聞くのが好きです。

   I like (ア listen　　イ to listen) to music.

② 彼はその映画を見たがっています。

   He wants (ア to see　　イ to sees) the movie.

③ 午後になって雨が降り出しました。

   It began (ア to rain　　イ to rainy) in the afternoon.

④ 私はそのドアを開けようとしました。

   I tried (ア to open　　イ to opening) the door.

> ガイド 〈**to** ＋動詞の原形〉を「不定詞」と言う。動詞の後ろに不定詞を置いて「〜することを…する」という意味を表すことができる。
>   **begin [start] to** ＋動詞の原形 （〜し始める）
>   **decide to** ＋動詞の原形 （〜する決心をする）
>   **like to** ＋動詞の原形 （〜することを好む）
>   **try to** ＋動詞の原形 （〜しようとする）
>   **want [would like, hope] to** ＋動詞の原形 （〜したい[〜することを望む]）

075 [主語・補語になる不定詞]

次の文を日本語になおしなさい。

① To speak English fluently is difficult.

_____

② My dream is to travel around the world.

_____

③ My father's hobby is to take care of the garden.

> ガイド 「〜すること」の意味を表す不定詞(名詞的用法)は，次のようにも使える。
>   To ＋動詞の原形 is ... （〜することは…だ）
>   主語 is to ＋動詞の原形 （[主語]は〜することだ）

語句 ① fluently [flúːəntli] 流ちょうに　③ hobby [hábi] 趣味

最 高 水 準 問 題

解答 別冊 p.11

076 （　　　）内に入る最も適当な語句をア〜エから選び，記号を○でかこみなさい。

① I feel sick. So I want to (　　　) to bed now.

　　ア go　　　　　イ become　　　　ウ made　　　　エ gave　　　　　（神奈川県）

② It may rain this evening. Please don't forget (　　　) an umbrella.

　　ア brought　　　イ bringing　　　ウ to bring　　　　　　　　（広島・崇徳高）

077 日本文の意味を表すように，（　　　）内の語句をならべかえなさい。

① 京都ではどこを訪れたいですか。［1語不足］

(in / like / would / places / visit / you / to) Kyoto?　　　（京都・洛南高）

_____

② A: I'm going to Masako's house by bike.

B: Come (to / before / home / begins / rain / it).　　　（石川県 改）

_____

難 ③ カヌーが転覆したので，美貴は川を泳いで渡ることを決心した。

As her canoe was turned over, Miki (her / the river / mind / up / to / swim / made / across).　　　（千葉・日本大習志野高 改）

_____

078 次の文を英語になおしなさい。

私の夢は歌手になることです。　　　（大阪・履正社高）

_____

難 **079** 次のような場合，英語で何と言いますか。8語以上の英語で書きなさい。1文でなくてもかまいません。

おなかがすいているので，すぐに夕食を食べたいことをお母さんに伝えるとき。　　　（熊本・九州学院高）

_____

解答の方針

076 ① feel sick 気分が悪い

077 ① place [pléis] 場所　② by bike 自転車で　before [bifɔ́ːr] 〜する前に　③ canoe [kənúː] カヌー　turn over 逆さまになる　make up one's mind 決心する　across [əkrás] 〜を横切って

10 不定詞の形容詞的用法

重要 080 [名詞・代名詞を修飾する不定詞]

次の文を日本語になおしなさい。

① I have a lot of things to do today.

_____

② Would you like something to drink?

_____

③ I'll buy a magazine to read on the train.

_____

④ I'm very busy and have no time to read books.

_____

⑤ I don't have enough money to buy the cell phone.

_____

> **ガイド** 〈名詞[代名詞]＋不定詞〉で「～するための…」の意味を表す。
>
> I want something **to eat**. (何か食べるもの[食べるためのもの]がほしい。)
>
> ※不定詞は直前の名詞[代名詞]をくわしく説明する。

語句 ③ magazine [mǽgəziːn] 雑誌 ⑤ enough [inʌ́f] 十分な cell [sél] phone [fóun] 携帯電話

081 [不定詞＋前置詞]

日本文の意味を表すように，（　　　）内に適当な1語を入れなさい。

① 地震で被災した人々には住む家がありません。

The earthquake victims don't have a house to (　　　　) (　　　　).

② あなたにはいっしょに話す相手がいますか。

Do you have anyone to (　　　　) (　　　　)?

③ 私は部屋で聞くための CD をたくさん持っています。

I have many CDs to (　　　　) (　　　　) in my room.

> **ガイド** 次のように考えるとよい。
>
> **eat** something (何かを食べる) → something **to eat** (何か食べる(ための)もの)
>
> **live in** a house (家に住む) → a house **to live in** (住むための家)

語句 ① earthquake [ə́ːrθkweik] 地震 victim [víktim] 被災者

最｜高｜水｜準｜問｜題 ──────────────────────── 解答 別冊 p.12

082 ▶ 2文の表す内容がほぼ同じになるように，（　　）内に適当な1語を入れなさい。

We don't have any food in our house.

We have nothing (　　　　　) (　　　　　　　) in our house.　　　　（神奈川・法政大第二高）

083 ▶ 日本文の意味を表すように，（　　　　）内の語をならべかえなさい。

① 家でやるべきことがたくさんある。

(at / do / to / I / have / home / many / things).　　　　（東京・郁文館高）

_____

② 彼女には助けてくれる友人がたくさんいます。

(of / her / she / to / has / friends / help / lots).　　　　（東京・江戸川女子高）

_____

③ 彼には住む家がない。

(no / in / to / he / house / live / has).　　　　（東京・郁文館高）

_____

難 ④ 何か書くものを貸してくれませんか。

Would you lend (something / with / to / me / write)?　　　　（茨城・常総学院高）

_____

084 ▶ 日本文の意味を表すように，（　　）内に〔　　〕内の語をならべかえて入れ，英文を完成しなさい。ただし1語不要。

何かあたたかい飲み物を持ってきましょうか？

(　　　　) (　　　　) (　　　　) (　　　　　) something (　　　　) (　　　　)

(　　　　)?

〔 I / bring / to / will / you / drink / shall / hot 〕　　　　（神奈川・桐蔭学園高）

解答の方針

083 ③は live in a house，④は write with a pen(ペンで書く)のような形をもとにして考える。

084 something hot で「何かあたたかいもの」の意味になる。

11 不定詞の副詞的用法

085 〉[目的を表す不定詞]

次の文を日本語になおしなさい。

① I'll buy a racket to play tennis.

_____

② We took a bus to go to the museum.

_____

③ Shall we go to that new restaurant to have lunch?

_____

④ I'm going to the supermarket to buy some food.

_____

⑤ I want to go to the U.S. to master English.

_____

> ガイド 不定詞は「〜するために(…する)」という場合にも使う。
>
> I went to Osaka **to see** my aunt. (おばに会うために大阪へ行きました。)
>
> ※不定詞は〈目的〉を表す。

語句 ① racket [rǽkət] ラケット ② take 利用する ④ supermarket [súːpərmɑːrkət] スーパーマーケット ⑤ the U.S. アメリカ合衆国 master [mǽstər] 習得する

086 〉[Why 〜? To 〜.]

日本文の意味を表すように, (　　)内に適当な1語を入れなさい。

① なぜ貯金しているのですか。―新しいパソコンを買うためです。

Why are you saving money? ― (　　　　) (　　　　) a new computer.

② なぜ駅にいたのですか。―友だちを出迎えるためです。

Why were you at the station? ― (　　　　) (　　　　) my friend.

③ なぜこんなに早く帰って来たの？―テレビを見るためだよ。

Why did you come home so early? ― (　　　　) (　　　　) TV.

> ガイド Why 〜?(なぜ〜するのですか。)という問いに対して, To 〜.(〜するためです。)と答える場合がある。

語句 ① save [séiv] money 貯金する ② meet 出迎える ③ so これ[それ]ほど early 早く

087 [感情の原因を表す不定詞]

日本文の意味を表すように，（　　　）内の語をならべかえなさい。

① あなたにまたお会いできてうれしいです。

I'm (you / again / see / to / glad).

_____

② 私たちはその知らせを聞いて驚きました。

We were (the / surprised / hear / to / news).

_____

③ 人々はその試合を見て興奮しました。

The people (the / were / to / game / see / excited).

_____

> **ガイド** 〈感情を表す形容詞＋不定詞〉で「～して…だ」の意味を表す。
>
> I'm happy **to be** with you.（あなたといっしょにいられてうれしいです。）
> ※不定詞は〈感情の原因〉を表す。

語句 ① again [əgén] 再び　② surprised [sərpráizd] 驚いている　③ excited [iksáitid] 興奮している

重要 088 [不定詞の3用法の区別]

①～④の文中の下線部と同じ用法の不定詞を含む文を，ア～エから選び，（　　　）内に記号を書きなさい。

① Would you like to have some tea?　　　　　　　　（　　　）

② I'm sorry to hear the bad news.　　　　　　　　　（　　　）

③ Sayaka is using her computer to do her homework.　（　　　）

④ English is an important subject to learn.　　　　　（　　　）

> ア　Why do you study so hard? — To pass the math test.
> イ　I have a lot of homework to do today.
> ウ　All my family were glad to receive the letter from you.
> エ　My dream is to become a professional singer.

> **ガイド** 不定詞には次の3つの用法がある。
>
> | 用法 | 意味 | 働き |
> |---|---|---|
> | 名詞的用法 | ～すること | 名詞のかたまりをつくる |
> | 副詞的用法 | (A)～するために (B)～して | 動作の目的，感情の原因を表す |
> | 形容詞的用法 | ～するための… | 直前の(代)名詞をくわしく説明する |

語句 ② sorry [sári] 残念に思っている　④ important [impɔ́ːrtənt] 大切な　subject [sʌ́bdʒikt] 科目
ウ receive [risíːv] 受け取る　エ professional [prəféʃənl] プロの

最高水準問題 ————————————————————————————————— 解答 別冊 p.13

089 ( )内に入る最も適当な語句をア〜エから選び，記号を○でかこみなさい。

① Ken left home early ( ) the first train.

  ア catching   イ caught   ウ to catch   エ catches   （茨城・清真学園高）

② When we went into the hotel room, we were surprised ( ) a basket full of fruit.

  ア find   イ found   ウ finding   エ to find   （東京・明治大付中野高）

090 各組の 2 文の表す内容がほぼ同じになるように，( )内に適当な 1 語を入れなさい。

① He was glad when he heard the news.

  He was glad ( ) ( ) the news.   （熊本・真和高）

② I went to the supermarket and bought some milk.

  I went to the supermarket ( ) ( ) some milk.

091 次の日本文の内容を表すのに適当な文をア〜ウから選び，記号を○でかこみなさい。

電車に乗り遅れないように，私たちは駅へ急いだ。

  ア We hurried to the station to be in time for the train.

  イ We ran quickly to the station without missing the train.

  ウ We ran quickly to the station before we missed the train.   （千葉・昭和学院秀英高）

092 次の文の下線部と同じ用法の不定詞を含む文をア〜ウから 1 つ選び，記号を○でかこみなさい。

I was very busy today and had no time to have lunch.

  ア I went to the supermarket to get some food.

  イ I didn't have money to buy the ticket.

  ウ I'd like to live in a house with a swimming pool.

解答の方針

089 ① catch a train 電車に間に合う　② a basket full of fruit フルーツがいっぱいに入ったかご

091 hurry [hə́:ri] 急ぐ　be in time for 〜 〜に間に合う　miss a train 電車に乗り遅れる

092 swimming pool [swímiŋ pùːl] (水泳用の)プール

093 (   )内の語句をならべかえて，英文を完成しなさい。

① A: I'm sorry (very / call / you / to / late) at night.

B: That's OK. I was just reading a book. (千葉県)

② 彼は切手を買いに郵便局へ行った。

He went to (office / stamps / the / buy / some / to / post). (東京・実践学園高)

③ この作業をするのに，たくさんの気力が必要だ。

(a lot / to / energy / this / we / of / work / need / do). (獨協埼玉高)

④ 駅で彼女と会う機会があって幸運だった。

I (was / to meet / a chance / lucky / to / her / have) at the station.

(福岡大附大濠高)

⑤ (the work / to / her / finish / Jane / best / did). (東京・明治学院東村山高)

難 ⑥ A: What time did you start cooking? [2語(句)不要]

B: I (at / have / three / start it / to / had / started it) dinner at six.(神奈川・鎌倉高)

難 ⑦ A: I know you met Ken yesterday. How was he?

B: He was very fine. I think (happy / talk / he / talked / could / to / was)

with me. [2語不要] (神奈川・鎌倉高)

難 **094** 次の文を英語になおしなさい。

私は宿題をするために父のコンピューターを使った。

解答の方針

093 ② stamp [stǽmp] 切手 ③ need [níːd] 必要とする energy [énərdʒi] 活力，エネルギー

④ chance [tʃǽns] 機会，チャンス lucky [lʌ́ki] 幸運な

12 疑問詞＋不定詞

重要 095 [how ＋不定詞]

日本文の意味を表すように，（　　）内の語をならべかえなさい。

① この問題の答え方がわかりません。

I don't know (this / to / question / answer / how).

_____

② 英語の手紙の書き方を教えてください。

Please teach me (an / write / to / English / how / letter).

_____

③ その店への行き方を覚えていますか。

Do you remember (the / to / to / shop / how / get)?

_____

> ガイド　how ＋ to ＋動詞の原形＝どのようにして～すべきか，～のしかた

> 語句　③ remember 覚えている　get to ～ ～に着く，～へ行く

096 [その他の疑問詞＋不定詞]

日本文の意味を表すように，（　　）内に適当な１語を入れて，英文を完成しなさい。

① 何をすればいいかわかりません。

I don't know (　　　　) (　　　　) do.

② いつここに来ればいいか教えてください。

Please tell me (　　　　) (　　　　) come here.

③ どこできっぷを買えばいいか知っていますか。

Do you know (　　　　) (　　　　) get a ticket?

④ どちらの本を借りればいいかわかりません。

I don't know (　　　　) book (　　　　) borrow.

⑤ どのクラブに入ればいいか決められません。

I can't decide (　　　　) (　　　　) (　　　　) join.

> ガイド　what ＋ to ＋動詞の原形＝何を～すべきか　　when ＋ to ＋動詞の原形＝いつ～すべきか
>
> 　　　　where ＋ to ＋動詞の原形＝どこで[どこへ]～すべきか
>
> 　　　　which（＋名詞）＋ to ＋動詞の原形＝どちら[どちらの…，どれ，どの…]を～すべきか

最 高 水 準 問 題 ———————————————————————————————— 解答 別冊 p.13

097 日本文の意味を表すように，（　　　）内に適当な1語を入れなさい。

① ラグビーボールの投げ方を教えてあげよう。

I will show you (　　　　　) (　　　　　) throw a rugby ball.　　　（東京・開成高）

② 緊急の際，どこに行くべきか知っていますか。

Do you know (　　　　) (　　　　　) go in an emergency?　　　（愛知・東邦高）

098 各組の2文の表す内容がほぼ同じになるように，（　　）内に適当な1語を入れなさい。

① He can use a computer.

He knows (　　　　) (　　　　) use a computer.　　　（京都・大谷高）

難 ② Can you tell me the way to the station?

Can you tell me (　　　) (　　　　) get to the station?　　　（東京・中央大高）

③ I don't know what time I should leave.

I don't know (　　　　) to leave.　　　（北海道・函館ラ・サール高）

④ They didn't know which book they should choose.

They didn't know which book (　　　) (　　　　).　　　（佐賀・東明館高）

099 （　　）内の語句をならべかえて，英文を完成しなさい。

① 彼はこのスマートフォンの使い方を私に教えてくれた。

(me / to / he / use / told / how) this smartphone.　　　（東京・国学院高）

_____

難 ② マイクは彼女に，アフリカについて知るためにはどの本を読めばよいかをたずねた。［1語不要］

Mike (to read / book / which / learn about / her / to / asked / for) Africa.

（神奈川・桐蔭学園高）

_____

難 **100** 次の文を英語になおしなさい。

私たちのパーティーをどこで開けばよいかを決めよう。

_____

解答の方針

097 ① rugby [rʌɡbi] ラグビー　② in an emergency 緊急の際

13 It is … (for 人)＋不定詞

101 [It is … ＋不定詞]

例にならって It で始まる文に書きかえ，完成した文を日本語になおしなさい。

(例) To play soccer is fun. → It is fun to play soccer. (サッカーをするのは楽しい。)

① To read this book is easy.

(英文) _____

(訳) _____

② To study history is interesting.

(英文) _____

(訳) _____

③ To keep a promise is important.

(英文) _____

(訳) _____

> ガイド It is fun to play tennis.
>
> ※ It は後ろの不定詞句を指し，「それ」とは訳さない(後ろから訳す)。

重要 102 [It is …(for 人)＋不定詞]

日本文の意味を表すように，(   )内の語をならべかえなさい。

① この本を読むのは子どもにとっては難しい。

It is (to / for / read / children / difficult) this book.

_____

② 私たちにとって英語を勉強することは必要です。

It is (study / for / to / necessary / us) English.

_____

③ その話を理解するのは私には簡単ではありません。

It is (understand / me / to / for / easy / not) the story.

_____

> ガイド It is necessary for you to practice hard. (熱心に練習することは君にとって必要だ。)
>
> ※不定詞の前に〈for 人〉を置いて，「～にとって」の意味を表す。

最 高 水 準 問 題 ────────────────────────── 解答 別冊 p.14

103 2つの文がほぼ同じ内容を表すように，（　）内に適切な1語を入れなさい。

① Playing the piano is fun.

　　It is (　　　　　) (　　　　　　) play the piano.　　　　　　　　　（大阪・追手門学院大手前高）

② It was hard for me to read this English book.

　　I (　　　　　) read this English book (　　　　　　).　　　　　　（大阪・四天王寺高）

104 日本文の意味を表すように，（　）内の語をならべかえなさい。

① 私たちは，地震が起きた時にどうしたらよいかを知っておく必要がある。

It is (do / for us / necessary / to / what / know / to) when an earthquake happens.　　　　　　　　　　　　　　　　　　　　　　　　　　　　　（福岡・西南学院高）

② 私にとってバレーボールをすることはとても楽しいです。[1語不要]

It (for / a lot of / me / is / volleyball / fun / enjoy / play / to).　　　（大阪・相愛高）

③ あなたは何の勉強をするのが大変ですか。

(which / you / it / is / hard for / to study / subject)?　　　　（東京・日本大鶴ケ丘高）

④ A: You climbed that famous mountain, didn't you?

　　B: Yes, (hard / to / it / us / climb / was / for) that mountain.　　（千葉・東海大付浦安高）

105 次の文を英語になおしなさい。

① 君がその本を理解するのは不可能だ。

② 私にとって夕食後に本を読むことは，楽しいことです。　　　　　　　（東京・桜美林高）

解答の方針

104 ① earthquake [ɔ́ː(r)θkwèik] 地震　④ climb [kláim] 登る
105 ①「理解する」は understand。「不可能な」は impossible。

14 動名詞の用法

（解答）別冊 p.14

標 準 問 題

106 [動詞の目的語になる動名詞]

日本文の意味を表すように，（　　　）内に入る適当な語句の記号を○でかこみなさい。

① 私は英語の歌を聞くのが好きです。

I like (ア listening　イ to listening) to English songs.

② 私たちは冬にはスキーをして楽しみます。

We enjoy (ア ski　イ skiing) in winter.

③ 来週には雪が降り始めるでしょう。

It will begin (ア snow　イ snowing) next week.

④ もう11 時だ。テレビを見るのをやめなさい。

It's eleven now. Stop (ア watching　イ to watching) TV.

> **ガイド**　〈動詞＋ **-ing**〉で「～すること」の意味を表すことができる。この形を**動名詞**という。名詞的用法
> の不定詞も「～すること」の意味なので，両者はしばしば置きかえることができる。
> I like **swimming**. ＝ I like **to swim**.（私は泳ぐことが好きです。）

107 [主語・補語になる動名詞]

次の文を日本語になおしなさい。

① Practicing every day is important.

_____

② Eating too much is bad for your health.

_____

③ My hobby is collecting CDs.

_____

④ My goal in life is becoming a famous writer.

_____

> **ガイド**　動名詞は，名詞的用法の不定詞と同じように，次の形でも使える。
> [動名詞［＝不定詞］] is ...（～することは…だ）
> 主語 is [動名詞［＝不定詞］]（[主語]は～することだ）

語句　① important [impɔ́ːrtənt] 大切な　② eat too much 食べすぎる　health [hélθ] 健康
③ collect [kəlékt] 集める　④ goal [góul] 目標　life 人生　famous [féiməs] 有名な　writer 作家

重要 108 [前置詞の目的語になる動名詞]

日本文の意味を表すように，（　　）内に適当な1語を入れ，英文を完成しなさい。ただしどちらか一方の（　　）内には，〈　　〉内の語を適当な形にかえて入れなさい。

① サヤカはカラオケを歌うのが得意です。

Sayaka is good (　　　　　) (　　　　　　　) karaoke.〈sing〉

② 私は歴史を勉強することに興味があります。

I'm interested (　　　　　) (　　　　　　) history.〈study〉

③ 寝る前にテレビのスイッチを切りなさい。

Turn off the TV before (　　　　　) (　　　　) bed.〈go〉

> **ガイド** 前置詞の後ろに動詞を置くときは，動名詞を使う。不定詞は使えない。次のような表現に続く動名詞に注意。
> **be good at ＋動名詞**（～するのが得意だ）
> **be interested in ＋動名詞**（～することに興味がある）
> **be fond of ＋動名詞**（～するのが好きだ）
> **How about ＋動名詞?**（～するのはどうですか。）

語句 ② history [hístəri] 歴史　③ turn off ～ ～のスイッチを切る

重要 109 [動名詞と不定詞]

日本文の意味を表すように，（　　　　）内に入る適当な語句の記号を○でかこみなさい。どちらも正しい場合は両方を○でかこみなさい。

① 私たちは毎週日曜日にテニスをして楽しみます。

We enjoy (ア playing　イ to play) tennis every Sunday.

② 私はケーキを作るのが好きです。

I like (ア making　イ to make) a cake.

③ 私はいつかイギリスへ行きたいです。

I would like (ア going　イ to go) to Britain some day.

④ お皿を洗い終わりましたか。

Did you finish (ア washing　イ to wash) the dishes?

⑤ 夕方に雨は降りやみました。

It stopped (ア raining　イ to rain) in the evening.

> **ガイド** 「～することを…する」の意味を表すには，次のように動名詞と不定詞を使い分ける。
> (A)後ろに動名詞も不定詞も置ける動詞：like, begin, start など
> (B)後ろに動名詞しか置けない動詞：enjoy, finish, stop など
> (C)後ろに不定詞しか置けない動詞：want, would like, hope, decide など

語句 ③ Britain [brítn] イギリス　④ finish [fíniʃ] 終える　⑤ stop やめる，止まる

最 高 水 準 問 題 ———————————————————————— 解答 別冊 p.15

110 〈　　〉内の動詞を適当な形にかえて（　　）内に入れなさい。（1語とは限りません）

① We sometimes enjoyed (　　　　　　) in the river when we were young. 〈swim〉

(茨城高)

② As he lost his favorite pen, he decided (　　　　　) a new one. 〈buy〉

(北海道・駒澤大附苫小牧高 改)

③ She is interested in (　　　　　) more about spaceships. 〈read〉　　(高知学芸高)

111 （　　）内に入る最も適当な語句をア〜エから選び，記号を○でかこみなさい。

① A: Would you like to come to my party tonight?

　 B: Yes, I would, but I can't. I must finish (　　　) this report.

　　ア writing　　　イ written　　　ウ wrote　　　エ to write　　(石川・金沢工業高専)

② Good bye! I hope (　　　) you again soon.

　　ア see　　　　　イ seeing　　　ウ seen　　　　エ to see　　(神奈川・法政大第二高)

③ (　　　) clearly is a very important way of understanding each other.

　　ア Speak　　　イ Speaks　　ウ Spoken　　エ Speaking　　(埼玉・大妻嵐山高)

難 ④ I'm looking forward (　　　) his new novel.

　　ア reading　　　イ to read　　　ウ to reading　　エ read　　(東京・駒込高)

112 各組の2文の表す内容がほぼ同じになるように，（　　）内に適当な1語を入れなさい。

① Takeshi left the room. He didn't say good-bye.

　 Takeshi left the room (　　　　) (　　　　) good-bye.　　(東京・駒込高)

② Why don't you come to my house next Sunday?

　 (　　　　) (　　　　) coming to my house next Sunday?　　(東京・成城高)

難 ③ It started to rain, but the children continued to play baseball.

　 It started to rain, but the children didn't (　　　　) (　　　　) baseball.

(京都・洛南高)

解答の方針

110 ② favorite [féivərət] お気に入りの　③ spaceship [spéisʃip] 宇宙船

111 ③ clearly [klíərli] はっきりと　 understand [ʌndərstǽnd] 理解する　 each other お互い

112 ③ 〈continue [kəntínjuː] to ＋動詞の原形〉は「〜し続ける」の意味。

113 ( )内の語句をならべかえて，英文を完成しなさい。

① A: Do you have a cat at home?

B: Oh, yes. I like her, so (is / care / her / of / taking) a lot of fun.　　　（鳥取県）

_____

② A: This is my room.

B: Oh, you have so many sports books!

A: Yes, (interesting / sports books / very / reading / is).　　　（石川県）

_____

難 ③ Sam: Kate, did you return the book to the library?

Kate: No. Today is Thursday. (finish / I / it / to / am / in / going / read / reading) this evening. ［2語不要］　　　（神奈川・湘南高 改）

_____

④ 妹さんと遊びに来たらどうですか。

(coming to / me / your / about / see / how / with) sister?　　　（千葉・日本大習志野高 改）

_____

⑤ 毎朝歩くことは私たちの健康によい。

(is / every / healthy / morning / walking / us / for).　　　（佐賀・東明館高）

_____

⑥ パーティーに招待してくれてありがとう。

(for / me / thank / to / you / your party / inviting).　　　（大阪・関西大第一高 改）

_____

114 ( )内の語を使って，次の文を英語になおしなさい。　　　（東京・桜美林高 改）

① 今度の日曜日に海に行くのはどうですか？　（how）

_____

難 ② 私は東京で，すもう(sumo)を見るのを楽しみにしています。（forward）

_____

解答の方針

113 ③ return [ritə́:rn] 返す　④「遊びに来る」は「私に会いに来る」と表現する。
　　⑤ healthy [hélθi] 健康的な　⑥ thank you for 〜 〜をありがとう

114 ②「〜を楽しみに待つ」は look forward to 〜。

15 There is 〜.

115 〉[There is [are] 〜.]

日本文の意味を表すように, (   )内の語句をならべかえなさい。

① 冷蔵庫にスイカがあります。

(a / the fridge / is / watermelon / there / in).

_____

② 体育館には何人かの男の子がいます。

(boys / some / there / the gym / are / in).

_____

③ 私の家の近くに広い公園があります。

(a / is / my house / there / large / near / park).

_____

> **ガイド** 「〜に…があります[います]」という意味を表すには，次の形を使う。
> **There is** a [an] ＋単数の名詞 ＋場所を表す語句 .
> **There are** 複数の名詞 ＋場所を表す語句 .

116 〉[There was [were] 〜.]

例にならって，英文を完成しなさい。

　(例) 丘の上に1本の木がありました。There <u>was a tree on</u> the hill.

① その村には小さな学校がひとつありました。

There _____ the village.

② ホールにはおおぜいの人々がいました。

There _____ the hall.

③ 駅の近くには3軒のホテルがありました。

There _____ the station.

> **ガイド** 「〜に…がありました[いました]」という意味を表すには，次の形を使う。
> **There was** a [an] ＋単数の名詞 ＋場所を表す語句 .
> **There were** 複数の名詞 ＋場所を表す語句 .

語句 ① village [vílidʒ] 村　② hall [hɔ́ːl] ホール，広間

117 〉[否定文・疑問文]

日本文の意味を表すように（　　）内に適当な1語を入れなさい。

① 私の学校にはプールはありません。

（　　　　）（　　　　　　） a swimming pool in my school.

② バスにはたくさんの人はいませんでした。

（　　　　）（　　　　　　） many people in the bus.

③ この近くにコンビニはありますか。―はい，あります。

（　　　　）（　　　　　　） a convenience store near here?

― Yes, （　　　　）（　　　　　　）.

④ 動物園にサルはいましたか。―いいえ，いませんでした。

（　　　　）（　　　　　　） monkeys in the zoo? ― No, （　　　　）（　　　　　　）.

> **ガイド** There で始まる文の否定文，疑問文は，次のようにつくる。
> ［否定文］ **There is [are] not ~. / There isn't [aren't] ~.**（~はありません。）
> ［疑問文］ **Is [Are] there ~?**（~がありますか。）
> 疑問文に答えるときは there を使い，Yes, there is [are]. / No, there isn't [aren't]. のように言う。

語句 ③ convenience [kənvíːnìəns] store コンビニエンスストア
④ monkey [mʌ́ŋki] サル　zoo [zúː] 動物園

重要 118 〉[How many ~?の疑問文]

日本文の意味を表すように，（　　　　）内の語をならべかえなさい。

① 駅の近くに本屋は何軒ありますか。

(there / many / how / bookstores / are) near the station?

_____

② 机の上には本が何冊ありますか。

(many / on / books / there / how / are) the desk?

_____

③ 教室には何人の生徒がいましたか。

(how / students / were / many / in / there) the classroom?

_____

> **ガイド** 「~には…がいくつあります［ありました］か。」という疑問文には，次の形を使う。
> How many ＋複数形の名詞＋ are [were] there ＋場所を表す語句？
> 答えるときは，There are three. のように数字を使う。

語句 ① bookstore [búkstɔ̀ːr] 本屋

最 高 水 準 問 題 ──────────────────────────── 解答 別冊 p.16

119 ( )内に入る最も適当な語句をア～エから選び，記号を○でかこみなさい。

① There ( ) little sugar in the bottle now.

    ア is   イ are   ウ was   エ were   （埼玉・大妻嵐山高）

② A: ( ) many birds by the lake? ― B: No, I didn't see any.

    ア Is there   イ Are there   ウ Was there   エ Were there

③ A: Is there a college in your city? ― B: Yes, ( ).

    ア it is   イ there is   ウ we are   エ we do

難 ④ There are ( ) under the table.

    ア a cat   イ the cat   ウ two cats   エ the cats

120 各組の2文の表す内容がほぼ同じになるように，( )内に適当な1語を入れなさい。

① Our town has two libraries.

    ( ) ( ) two libraries in our town.   （京都・立命館高）

② There was a heavy rain last night.

    It ( ) heavily last night.   （東京・郁文館高）

③ How many students do you have in your class?

    How many students are ( ) in your class?   （神奈川・日本大藤沢高 改）

121 次の文を( )内の指示に従って書きかえなさい。

① A year has 365 days. （There で始まる文に）

_____

② There were five tables at the restaurant. （下線部が答えの中心となる疑問文に）

_____

難 ③ There are some boys in the classroom. （否定文に）

_____

解答の方針

119 ① sugar [ʃúgər] 砂糖　bottle [bátl] びん　② lake [léik] 湖　③ college [kálidʒ] 大学

120 ② heavy rain 大雨　heavily [hévili] はげしく

121 ③ 否定文にすると some が別の語になる点に注意。

122 ( )内の語句をならべかえて，英文を完成しなさい。

① 今日は空に雲ひとつありません。

(no / there / in / clouds / are) the sky today.　　　　　　　　（栃木・作新学院高）

難 ② A: I think this car is better than that one. What do you think, Laura?

B: Well, (there / no / between / difference / is) the two.　　　　（千葉県）

---

③ Mike: I'm watching the news on TV.

Shoji: Is (interesting / there / in / anything) it?　　　　　　　（高知県）

難 ④ A: I went to Okinawa with my family last week.

B: Oh, I've never been there. How was the trip?

A: We had a very good time. There (a lot of / see / every / to / famous / kind / places / were) in Okinawa. ［2 語句不要］　　（神奈川・横浜翠嵐高）

---

123 次の文を英語になおしなさい。

私たちの学校の前に美しい公園があります。　　　　　　　　（北海道・函館ラ・サール高）

---

124 下線部に 5 語以上の英語を入れ，( )内の場面にふさわしい英文を完成しなさい。

_____ in your family?

（家族の人数をたずねるとき）　　　　　　　　　　　　　　　　（秋田県）

---

125 次の文を( )内の指示に従って英語になおしなさい。

ここには何も食べるものがありません。（There で始まり here で終わる 6 語の文に）

解答の方針

122 ① cloud [kláud] 雲　sky [skái] 空　② between [bìtwíːn] ～の間に［の］　difference [dífərəns] 違い
123 「～の前に」は in front of ～。
125 不定詞を利用する。

16 命令文

重要 126 [命令文のつくり方]

日本文の意味を表すように，（　　　　）内から適当な語句を選び，記号を○でかこみなさい。

① 今すぐに出発しなさい。

　（ ア Start　イ Starting) right now.

② このボタンにさわってはいけません。

　（ ア Not　イ Don't) touch this button.

③ すわってください。

　（ ア Sit　イ You sit) down, please.

④ この仕事を手伝ってください。

　（ ア Help please　イ Please help) me with this work.

> **ガイド** 「～しなさい」と相手に命令する文は，**動詞の原形で始める**。
>
> **Open** the door. （ドアを開けなさい。）※命令する言い方。
>
> **Don't open** the door. （ドアを開けてはいけません。）※禁止する言い方。
>
> **Open** the door, **please**. = **Please open** the door.
>
> （ドアを開けてください。）※ていねいに頼む言い方。

語句 ① right now 今すぐに　② touch [tʌtʃ] さわる　button [bʌtn] ボタン　③ sit down すわる

127 [Be で始まる命令文]

日本文の意味を表すように，（　　　　）内に適当な1語を入れなさい。

① 通りを渡るときは車に気をつけなさい。

　（　　　　　） careful of cars when you cross the street.

② 静かにしてください。

　（　　　　） quiet, (　　　　　).

③ こわがってはいけません。

　（　　　　）（　　　　　） afraid.

> **ガイド** be 動詞を使った命令文は，**Be** で文を始める。
>
> **Be** careful. （気をつけなさい。）
>
> **Don't be** noisy. （さわがしくしてはいけません。）

語句 ① be careful [kéərfl] of ～ ～に注意する　cross [krɔ(ː)s] 横切る　② quiet [kwáiət] 静かな

最高水準問題

解答 別冊 p.17

128 ( )内に入る最も適当な語句をア〜エから選び，記号を○でかこみなさい。

① ( ) noisy in the classroom.

 ア Not be   イ Don't   ウ Be not   エ Don't be   （東京・戸板女子高）

② ( ) so noisy.　My baby is sleeping now.

 ア Do not please   イ Doesn't please be

 ウ Don't you be please   エ Please don't be   （千葉・東海大付浦安高）

129 各組の２文の表す内容がほぼ同じになるように，( )内に適当な１語を入れなさい。

① You must be quiet in this class.

 ( ) ( ) in this class.   （東京・駒込高）

② Will you take me to the station?

 ( ) take me to the station.

130 次の文を( )内の指示に従って書きかえなさい。

You must not drive too fast.（命令文に）   （高知学芸高）

_____

131 日本文の意味を表すように，( )内の語をならべかえなさい。

① 学校に遅れてはいけません。

 (for / don't / late / school).［１語不足］   （大阪・関西大第一高）

_____

難 ② 時間があるときに私に手紙を書いてください。

 Please (when / you / me / to / time / a letter / write / have).   （福岡大附大濠高）

_____

解答の方針

128 ① noisy [nɔ́izi] さわがしい

131 ② when 〜するとき

17 感嘆文

132 [感嘆文の基本]

正しいほうを選んで，○で囲みなさい。

① 何て美しいんでしょう。　　　　（ How / What ）beautiful!

② 何て美しい絵だろう。　　　　（ How / What ）a beautiful picture!

③ 何てわくわくするんだろう。　　（ How / What ）exciting!

④ 何て大きな鳥たちだろう。　　　（ How / What ）big birds!

> ガイド　How ＋形容詞［副詞］! ＝何と～だろう。
> What（＋ a [an]）＋形容詞＋ 名詞 ! ＝何と…な～だろう。
> ※このような形を「感嘆文」と言う。後ろが形容詞や副詞（だけ）なら How を使い，後ろに名詞が
> あれば What を使う。

重要 133 [さまざまな感嘆文]

（　　　）内の語を並べかえて，英文を完成しなさい。

① 今日は何て暑いんだろう。

How (is / hot / it / today)!

_____

② これは何ておもしろい話だろう。

What (is / an / story / interesting / this)!

_____

③ あの男の子は何て速く走るんだろう。

How (that / fast / boy / runs)!

_____

④ 彼らは何とじょうずな選手たちだろう。

What (are / good / they / players)!

_____

> ガイド　How ＋形容詞［副詞］＋ S ＋ V! ＝S は何と～だろう。
> What（＋ a [an]）＋形容詞＋名詞＋ S ＋ V! ＝S は何と…な～だろう。
> ※このように，後ろに S（主語）＋ V（動詞）を置く形もある。

最 高 水 準 問 題

解答 別冊 p.17〜p.18

134 （　　）内に入る最も適当な語句をア〜エから選び，記号を○でかこみなさい。

① （　　　） a beautiful picture he is painting!

　ア How　イ Where　ウ What　エ Why　　　　　　　　　（東京・中央大附高）

② （　　　） pretty babies they are!

　ア Who　イ Which　ウ How　エ What　　　　　　　　　（京都・立命館高）

135 各組の２文の表す内容がほぼ同じになるように，（　　）内に適当な１語を入れなさい。

① How cute this cat is!

　（　　　） a cute cat （　　　） is!　　　　　　　　　（埼玉・城北埼玉高）

② She can speak English very well.

　（　　　） a good （　　　） of English she is!　　　　（東京・江戸川女子高）

③ She is a very kind person.

　（　　　） a kind person （　　　） （　　　）!　　　（東京・専修大附高）

④ What a good speaker of English she is!

　How （　　　） she （　　　） English!　　　　　　　（奈良・帝塚山高）

難 **136** （　　）内の語をならべかえて，英文を完成しなさい。

　(surprise / pleasant / what / see / a / to) you!　　（東京・日本大豊山高）

_____

137 次の文を英語になおしなさい。

① 彼女は何て簡単にその問題を解いたのだろう。

_____

② 彼は何てすてきなプレゼントを私にくれたのでしょう。

_____

解答の方針

136 pleasant [plέznt] 楽しい

137 ①「簡単に」は easily。「問題を解く」は solve a problem。

18 付加疑問

138 〉[付加疑問のつくり方]

日本文の意味を表すように，（　　）内に適当な1語を入れなさい。

① あなたは疲れていますね。

　You are tired, (　　　　) (　　　　)?

② これはあなたのかさですね。

　This is your umbrella, (　　　) (　　　)?

③ ケンは今家にはいませんね。

　Ken isn't at home now, (　　　) (　　　)?

> **ガイド** 「〜ですね」と相手に念を押すときは，次のような「付加疑問」という形を使う。
>
> He is sick, **isn't he**?（彼は病気ですね。）〈肯定文，否定の動詞＋主語?〉
>
> He isn't sick, **is he**?（彼は病気ではありませんね。）〈否定文，肯定の動詞＋主語?〉

重要 139 〉[いろいろな文の付加疑問]

（　　）内に適当な1語を入れて付加疑問文をつくり，その文を日本語になおしなさい。

① Your mother cooks well, (　　　) (　　　)?

　(訳) _____

② You don't know her e-mail address, (　　　) (　　　)?

　(訳) _____

③ Kenji can play the guitar, (　　　) (　　　)?

　(訳) _____

④ There isn't a library in your school, (　　　) (　　　)?

　(訳) _____

⑤ The students are having lunch, (　　　) (　　　)?

　(訳) _____

> **ガイド** 付加疑問の動詞[助動詞]は，前の文に合わせて is・are・do・does・can などを使い分ける。主語は代名詞を使う。否定疑問文をもとにして考えるとよい。
>
> She sings well. → Doesn't she sing well? → She sings well, doesn't she?

語句 ② e-mail [íːmèil] address [ədrés] メールアドレス

最高水準問題

解答 別冊 p.18

140 （　　）内に入る最も適当な語句をア～エから選び，記号を○でかこみなさい。

① She didn't sing the song, (　　)?

　　ア isn't she　　イ does she　　ウ did she　　エ didn't she　　（沖縄県）

難 ② You don't believe Megumi told a lie, (　　)?

　　ア don't you　　イ do you　　ウ didn't she　　エ did she　　（長崎・青雲高）

③ Your brother once read that novel, (　　)?

　　ア don't you　　イ didn't you　　ウ doesn't he　　エ didn't he　　（神奈川・日本大高）

④ Satoshi is going to visit Iwaki next week, (　　)?

　　ア is he　　イ isn't he　　ウ will he　　エ won't he　　（福島・日本大東北高）

⑤ A: How can I take all these things back home?

　　B: Your brother will help you, (　　)?

　　ア don't you　　イ does he　　ウ won't he　　エ will you　　（東京・中央大附高）

難 ⑥ A: Paul didn't pass the exam, did he?

　　B: No. (　　).

　　ア He's very happy now

　　イ He succeeded though he didn't study very hard

　　ウ He said he'd try again

　　エ He passed it because it was very easy　　（長崎・青雲高）

⑦ Let's go fishing next Sunday, (　　)?

　　ア shall I　　イ shall we　　ウ will you　　エ don't you　　（神奈川・日本大高）

141 （　　）内に適当な1語を入れ，英文を完成しなさい。

① 君は私の父親を知っていますね。

　　You know my father, (　　　　) you?　　（神奈川・法政大第二高改）

② あなたのお姉さんは来年の11月にイタリアに行きますよね。

　　Your sister will go to Italy next (　　　　), (　　　　) (　　　　)?　（國學院大栃木高）

③ A: John and Mary just had a baby!

　　B: Oh, that's wonderful news, (　　　　) (　　　　)?　　（高知学芸高改）

解答の方針

140 ① song [sɔ́ːŋ] 歌，曲　② believe [bilíːv] 信じる　tell a lie うそをつく

　　③ once [wʌ́ns] かつて，一度　novel [nɑ́vl] 小説　⑤ take ～ back home ～を家へ持ち帰る

　　⑥ pass [pǽs] an exam [igzǽm] 試験に合格する　⑦ go fishing 釣りに行く

141 ③ have a baby 赤ちゃんが生まれる

19 文型 (SVC，SVO)

標 準 問 題 ──────────────────────── 解答 別冊 p.18

142 [主語＋ become ＋補語]

日本文の意味を表すように，(　　)内に適当な1語を入れなさい。ただし1つの(　　)内には，become またはその活用形を入れること。

① だれがバスケットボール部のキャプテンになるでしょうか。

Who (　　　　) (　　　　　　) the captain of the basketball team?

② 彼は金持ちになりたいと思っています。

He wants to (　　　　) (　　　　).

③ お姉さんはいつ大学生になりましたか。

When (　　　　　) your sister (　　　　　) a college student?

④ ケンはよい医師になりました。

Ken (　　　　　) a good doctor.

> **ガイド** become(〜になる)の後ろには，名詞または形容詞を置く。
> She became a singer.　※ she = a singer の関係が成り立っている。この a singer のように
> 　S　　V　　C　　　　　主語(S)を説明する語(句)を「補語(C)」と言う。
> SVC(主語＋動詞＋補語)は基本的な文の形のひとつで，She is a singer. も SVC の一種である。

語句 ① captain [kǽptn] キャプテン　team [tíːm] チーム　② rich [rítʃ] 金持ちの

143 [主語＋ look など＋補語]

日本文の意味を表すように，(　　)内に適当な1語を入れなさい。ただしどちらか一方の(　　)内には，〈　　〉内の語を必要があれば適当な形にかえて入れること。

① その犬はおなかがすいているように見えます。

The dog (　　　　) (　　　　). 〈look〉

② 私は公園の中を走った後で疲れました。

I (　　　　) (　　　　) after running in the park. 〈get〉

③ あなたが行ってしまうと私は悲しく感じるでしょう。

I'll (　　　　) (　　　　) if you go away. 〈feel〉

> **ガイド** SVC の形で使う動詞には，be 動詞や become のほかに，look(〜に見える)，get(〜になる)，
> feel(〜に感じる)などがある。

語句 ③ go away 去る

重要 144 [主語＋動詞＋目的語]

日本文の意味を表すように，（　　）内に必要があれば適当な前置詞を入れなさい。必要がない
ときは×を入れなさい。

① 私は先週その映画を見ました。

I saw (　　　　　) the movie last week.

② あの丘の頂上を見なさい。

Look (　　　　　) the top of that hill.

③ あなたはその知らせをいつ聞きましたか。

When did you hear (　　　　　) the news?

④ 私は今 CD を聞いているところです。

I'm listening (　　　　) a CD now.

⑤ 私はふだん歩いて学校へ行きます。

I usually walk (　　　　) school.

> **ガイド** 「～を…する」という意味を表す動詞の多くは，後ろに「～を」に当たる語句をそのまま置く。
>
> I bought a new bag.　※ a new bag（新しいバッグ）は，bought（買った）という動作の対象に
> S　 V 　　O　　　　　なっている。このような語(句)を「目的語(O)」と言う。
>
> ただし，**look at** ～（～を見る）のように前置詞を必要とする動詞もある。また，go **to** school
> （学校へ行く）のように「～を」以外の意味はふつう前置詞で表す。

語句 ② top [táp] 頂上

145 [補語と目的語の区別]

次の文の下線部の語句が目的語なら O，補語なら C を（　　）内に書きなさい。

① Mika can speak English very well.　　　　　　　（　　　）

② The girl became a popular singer.　　　　　　　（　　　）

③ My father took me to the zoo.　　　　　　　　　（　　　）

④ She looked very glad when she heard the news.　（　　　）

> **ガイド** V を **be** 動詞で置きかえたとき，正しい文になれば **SVC**，そうでなければ **SVO** の形と判断できる。
> また，形容詞は C にはなれるが O にはなれない。
>
> She became a singer. → She is a singer. が成り立つから SVC。
> She loves music. → She is music. は成り立たないから SVO。
> She looks happy. → happy は形容詞だから SVC。

語句 ② popular [púpjələr] 人気がある　③ take ～ to ... ～を…へ連れて[持って]行く

最 高 水 準 問 題 ———————————————————— 解答 別冊 p.19

146 ( )内に入る最も適当な語句をア～エから選び，記号を○でかこみなさい。

① The boy got a present from his mother and looked ( ).

    ア her   イ it   ウ famous   エ happy   (秋田県)

② When she heard the news, her face ( ) red.

    ア sounded   イ began   ウ turned   エ played   (秋田県)

③ He looked ( ) when he heard the news.

    ア surprise   イ to surprise   ウ surprising   エ surprised   (東京・郁文館高)

④ He looks very ( ).

    ア anger   イ angry   ウ angrily   エ angry at   (東京・日本大高)

⑤ The girl ( ) a French doll.

    ア looks   イ looks like   ウ is looked by   エ looking after   (大阪・四天王寺高)

⑥ A: Yuta, just tell me the truth. I promise I won't ( ) angry.

    B: Well, OK ...

    ア get   イ turn   ウ make   エ come   (北海道・函館ラ・サール高)

⑦ A: Can you come to the party next Sunday? You can ( ) your family, if you'd like.

    B: Sure. I'd love to.

    ア carry   イ take   ウ come   エ bring   (北海道・函館ラ・サール高)

147 日本文の意味を表すように，( )内に適当な1語を入れなさい。

① このお茶飲んでしまってもいいかな。冷めちゃうわ。

    Can I finish this tea? It will ( ) ( ).   (大阪・関西大倉高)

② 私は将来お金持ちになりたい。

    I want ( ) ( ) ( ) in the future.

解答の方針

146 ① present [préznt] プレゼント ④ ( )内には形容詞が入る。 ⑤ doll [dάl] 人形
   ⑥ truth [trúːθ] 真実 promise [prάməs] 約束する

148 ( )内の語句をならべかえて，英文を完成しなさい。

① 彼女は犬を毎日散歩させているのですか。

(does / her dog / she / walk / every day)? （北海道・函館ラ・サール高）

② 弟は暗くならないうちに帰ってくるよ。

(come / gets / before / it / my brother / will / home) dark. （広島・近畿大附東広島高）

③ ぼくは彼女にあげるすてきなものがほしい。

(nice / I / something / her / for / want). （千葉・専修大松戸高）

④ 彼は冬によくかぜをひきます。

(winter / he / often / has / catches / cold / a / in). ［1語不要］ （北海道・札幌光星高）

⑤ A: How did you spend your summer vacation?

B: I (Chicago / family / my / to / visited / with). ［1語不要］ （東京・東海大付高輪台高改）

難 ⑥ (at / books / children / do / for / sell / store / that / they)? （大阪・関西大倉高）

149 次の文を英語になおしなさい。

① その食べ物はおいしそうに見えます。 （大阪・履正社高）

② 今年の夏は暑くなるでしょう。

③ 学校へマンガ(comics)を持って来てはいけません。

20 文型 (SVOO, SVOC)

150 [主語＋動詞＋目的語＋目的語]

日本文の意味を表すように, (　　　)内の語をならべかえなさい。

① おばは私にすてきなプレゼントをくれました。

My aunt (a / me / gave / present / nice).

_____

② 私のアルバムを見せてあげましょう。

I (my / you / album / show / will).

_____

③ 私はいとこにメールを送りました。

I (an / cousin / sent / my / e-mail).

_____

> **ガイド** 「～(人)に…(物)を__する」と言うときは, 〈動詞＋人＋物〉の形を使う。
>
> I gave her a present.　※「人」「物」のどちらも目的語(O)。このような形を SVOO と言う。
> S　V　O(人)　O(物)
>
> この形で使う動詞には, **give**(与える), **buy**(買ってやる), **lend**(貸す), **send**(送る), **show**(見せる), **tell**(言う, 教える)などがある。

語句　② album [ǽlbəm] アルバム　③ cousin [kʌ́zn] いとこ

151 [主語＋動詞＋目的語＋ to[for] ～]

各組の2文の表す内容がほぼ同じになるように, (　　　)内に適当な1語を入れなさい。

① I'll give my sister a doll.

I'll give a doll (　　　　　) my sister.

② Please lend me your camera.

Please lend your camera (　　　　) (　　　　).

③ My father bought me a new bike.

My father bought a new bike (　　　　) (　　　　).

> **ガイド** S + V + O(人) + O(物)の2つのOを入れかえると, to または for が必要になる。
>
> S + V +物+ to +人：**give, lend, show, tell, teach** など　　※ to ＝～に
> S + V +物+ for +人：**buy, cook, make** など　　　　　　　※ for ＝～のために

152 ▷ [主語＋動詞＋目的語＋補語(名詞)]

日本文の意味を表すように，（　　）内の語句をならべかえなさい。

① おばは私をヒデと呼びます。

(me / Hide / calls / my aunt).

_____

② 私はその小さなネコをタマと名づけました。

(I / Tama / the small / named / cat).

_____

③ 彼はその女性を妻にしました。

(the woman / he / his wife / made).

_____

> ガイド たとえば「私たちはその犬をシロと呼びます。」は次のように表現する。
>
> <u>We</u> <u>call</u> <u>the dog</u> <u>Shiro</u>.　　※この形の文では，O＝Cの関係が成り立つ。Shiro は目的語の
> 　S　 V　　O　　C　　　　　　the dog を説明する補語(C)。
>
> この形をとる動詞には，**name**(O を C と名づける)，**make**(O を C にする)，**find**(O が C だと
> わかる)などがある。

語句 ③ wife [wáif] 妻

◆重要 153 ▷ [5つの基本文型]

①〜⑤と同じ文型の文をア〜オから1つずつ選び，（　　）内に記号を書きなさい。

① Who wrote this book?　　　　　　　　　(　　)

② His father made him a doctor.　　　　　(　　)

③ The teacher told us an interesting story.　(　　)

④ This cat looks very cute.　　　　　　　　(　　)

⑤ Some boys are swimming in the river.　　(　　)

> ア I became sick on the bus.
> イ I found a small dog yesterday.
> ウ I waited for an hour.
> エ They called me Aki.
> オ Mr. Ogawa teaches us English.

> ガイド 主語(S)，動詞(V)，目的語(O)，補語(C)の組み合わせ方は，SV(第1文型)，SVC(第2文型)，
> SVO(第3文型)，SVOO(第4文型)，SVOC(第5文型)の5つに分かれる。これを「5文型」と言
> う。取りはずしても文が成り立つ要素(in the park, today など)は修飾語と言い，S・V・O・C
> のどれにも当たらない。

最 高 水 準 問 題 ———————————————————————— 解答 別冊 p.20

154 ( )内に入る最も適当な語句をア〜エから選び，記号を○でかこみなさい。

① Please ( ) me a picture of your family.

    ア see　　　　イ watch　　　ウ show　　　エ look　　　　　　（栃木・作新学院高）

② Tom visited Yumi's house to ( ) her a birthday present.

    ア see　　　　イ give　　　　ウ talk　　　エ have　　　　　　　（栃木県）

③ Hiroshi gave a new bicycle ( ) me.

    ア for　　　　イ with　　　　ウ of　　　　エ to　　　　　　（栃木・作新学院高）

④ My uncle made ( ) a big model plane.

    ア for me　　　イ mine　　　ウ to me　　　エ me　　　　　（東京・中央大附高）

⑤ My name is Ayako, but my friends ( ) me Aya.

    ア tell　　　　イ call　　　　ウ say　　　　エ speak

⑥ What's this? — We ( ) Japanese. We often make it in winter.

    ア call it *oden* in　　　　　　イ call it for *oden* in

    ウ call it for *oden* on　　　　エ call *oden* on　　　　（神奈川・平塚江南高）

155 各組の２文の表す内容がほぼ同じになるように，( )内に適当な１語を入れなさい。

① Tom bought me some flowers.

    Tom bought some flowers ( ) ( ).　　　　（東京・郁文館高）

② My father gave a cute hat to me.

    My father ( ) ( ) a cute hat.　　　　（埼玉・大妻嵐山高）

③ Mr. Sasaki is our math teacher.

    Mr. Sasaki ( ) ( ) math.　　　　（東京・城北高）

④ What is the English name of this plant?

    What ( ) they ( ) this plant in English?　　　　（京都女子高）

解答の方針

154 ④ model [mádl] plane [pléin] 模型飛行機　　　155 ② cute [kjúːt] かわいい　④ plant [plǽnt] 植物

156 (）内の語句をならべかえて，英文を完成しなさい。

① John: Wow, you have a big dog.

Yuki: My (me / this dog / father / bought) for my birthday. （高知県）

_____

② (such / who / gave / beautiful / you) flowers? （千葉県）

_____

③ (made / a / they / baseball / him / player). （神奈川・法政大第二高）

_____

④ [*In a classroom*]

A: I was sad when I read "A Mother's Lullaby."

B: Me, too. I still remember that (important / taught / the story / something / me). （福島県）

_____

⑤ Kumi, I (to / would / something / show / like / you / interesting). I have got a letter from our friend. （長崎県 改）

_____

⑥ あなたの趣味について何か話していただけませんか。

(tell / you / something / hobbies / me / about / will / your)? （東京・実践学園高）

_____

⑦ この花は英語で何と呼びますか。

(English / flower / you / in / what / this / call / do)? （茨城・清真学園高）

_____

157 次の文を英語になおしなさい。

① 先週の火曜日に父が私にこの本をくれました。 （群馬県 改）

_____

🗻難 ② あなたの車を私に貸してくれませんか。

_____

解答の方針

156 ④ lullaby [lʌ́ləbài] 子守歌　remember [rimémbər] 覚えている

　　⑦ call this flower X (この花を X と呼ぶ)の X をたずねる疑問文。

157 ①「父」を主語にする。　②「貸す」は lend [lénd]。

1 ( )内に入る最も適当な語句をア〜エから選び，記号を○でかこみなさい。 （各2点，計6点）

① ( ) a good boy in class, Sam.

   ア Be   イ Can   ウ Do   エ Don't   （大阪・相愛高）

② Have you decided ( ) to go next Sunday?

   ア whose   イ where   ウ what   エ who   （千葉日本大第一高）

③ A: Do you have anything cold ( )?

   B: Sure.　How about orange juice?

   ア drinking   イ drink   ウ to drink   エ drunk   （東京・錦城高）

2 2つの文がほぼ同じ内容を表すように，（ ）内に適当な1語を入れなさい。 （各2点，計12点）

① You must stay in this room until I come back.

   ( ) ( ) this room before I come back.   （京都女子高）

② He likes to lie on the lawn.

   He's ( ) of ( ) on the lawn.   （福岡・久留米大附設高）

③ Give me a pencil or something.

   Give me something ( ) write ( ).   （東京・江戸川女子高）

④ I became sad when I heard the news.

   The news ( ) ( ) sad.   （京都・大谷高）

⑤ I'd like to know the name of this flower in English.

   ( ) do you ( ) this flower in English?   （佐賀・弘学館高）

⑥ I read the novel and it was very interesting.

   I ( ) the novel quite ( ).   （奈良・帝塚山高）

3 ( )内に適当な1語を入れて，英文を完成しなさい。 （各2点，計4点）

① 私は写真を撮ることに興味を持っています。

   I'm ( ) in ( ) pictures.   （京都女子高）

② その知らせを聞いてうれしかったです。

   I was ( ) ( ) ( ) the news.   （獨協埼玉高）

4 日本文の意味を表すように，（　　）内の語をならべかえて英文を完成しなさい。(各3点, 計30点)

① 電話をしてくれてありがとう。

(a / me / you / thank / call / for / giving).　（国学院大栃木高）

② 小さな子がこの本を理解するのはそんなに簡単であるはずがない。

It cannot (for / understand / so easy / young children / to / be) this book.　（東京・国学院高）

③ 最悪なのは，間違えるのを恐れることです。

The worst thing is (of / be / mistakes / to / making / afraid).　（福岡・西南学院高）

④ 公園で走っている男の子，誰？［1語不足］

(in / is / park / who / the / the / boy)?　（京都女子高）

⑤ たくさん宿題を出しても生徒は学習への意欲をもつようにはならない。

A lot of (in / studying / will / not / students / interested / make / homework).　（東京・城北高）

⑥ 今日は何か特別な予定はあるかい。

Do (do / have / special / you / to / anything) today?　（広島・修道高）

⑦ 近い将来，関西で大地震が起こるのだろうか。

(there / a / in / will / earthquake / be / big) Kansai in the near future?　（智弁学園和歌山高）

⑧ このサイトを見れば，どこでその時計が買えるかわかりますよ。

(you / watch / buy / will / where / this / tell / website / to / the).　（佐賀・東明館高）

⑨ 彼はいっしょに旅行してくれる人を探した。［1語不要］

(to / with / for / someone / he / found / looked / travel).　（千葉・日本大習志野高）

⑩ A: What are those students doing on the street?

B: They (the street / cans / to / collecting / clean / are / keep).　（愛知・滝高）

5 次の①〜⑤に続く最も適当な語句をそれぞれ下から1つずつ選び，英文を完成させなさい。ただし，同じ語句は二度使ってはならない。また，〈　〉内に与えられた文字で始まる動詞1語を補うこと。　　　　　　　　　　　　　　　　　　　　　　　　　　　　（各2点，計10点）

① This dictionary _____ . 〈g〉
② Twenty minutes' walk will _____ . 〈t〉
③ That gesture _____ . 〈m〉
④ This map will _____ . 〈s〉
⑤ How did you _____ . 〈s〉

[that she wants us to come to her / us many kinds of information all the time / you to the airport / you where you are / the weekend] （茨城・江戸川学園取手高）

6 下線部が誤っているものをア〜エから1つ選び，記号を○でかこみなさい。　（各2点，計6点）

① Let's go to ア church イ to pray ウ with them, エ don't we? 　　　　（近畿大附和歌山高）
② There are ア a lot of イ languages all over the world, ウ aren't エ they? 　（佐賀・弘学館高）
③ My nephew looked ア tired and イ unhappily when I ウ saw him two weeks エ ago.

（千葉・日本大習志野高）

7 中学生の久美(Kumi)は，友人のエマ(Emma)に，メールを送ることにした。伝えたいことは，私の誕生日に父親がカメラを買ってくれたので，冬休み中に一緒に写真を撮りに行かないかということである。あなたが久美なら，このことを伝えるために，どのようなメールを書くか。次の　　　の中に英文を補い，メールを完成しなさい。　　　　　（静岡県）（6点）

Hello, Emma.

Bye,
Kumi

8 次のような場合，どのようなメールを書けばよいか。空欄にそれぞれ6語以上の英語を書き入れなさい。それぞれの空欄に書く英文は2文以上になってもかまわない。

あなたは，アメリカへ留学しJennyの家にホームステイしている。あなたは買い物に出かけたが，財布を台所のテーブルに置き忘れてきたことに気づいた。Jennyに，駅にいるので持ってきてほしいと伝えたい。　(岡山白陵高)(各4点，計8点)

(あなたが書くメール文)

Hi, Jenny. (　①　) So, (　②　) See you.

① _____

② _____

9 次の文を英語になおしなさい(⑤は下線部のみ)。　(各3点，計18点)

① 医者になるために，ケンは一生懸命に勉強しなければなりませんでした。　(東京・桜美林高)

_____

② うちの学校には英語の先生が3人いますが，そのうちの2人がアメリカ出身です。　(奈良・帝塚山高)

_____

③ 疲れているようだから，ひと休みしたほうがいいよ。　(東京・中央大杉並高)

_____

④ これは人々を幸せにする歌です。　(東京・桜美林高)

_____

⑤ A: Mrs. Takagi, how can I become a better reader?
　 B: いろいろな種類の本を読むのが大切よ。　(東京・筑波大附高)

_____

⑥ 子どもたちがこの川で泳ぐのは危険です。　(北海道・函館ラ・サール高)

_____

21 比較級・最上級(1)

重要 158 〉[比較級・最上級のつくり方]

次の形容詞の比較級と最上級を書きなさい。

① long （　　　　）（　　　　） ② large （　　　　）（　　　　）

③ big （　　　　）（　　　　） ④ happy （　　　　）（　　　　）

⑤ new （　　　　）（　　　　） ⑥ easy （　　　　）（　　　　）

> **ガイド** 形容詞・副詞には，原級（もとの形）・比較級（「より～」という意味を表す形）・最上級（「最も～」の意味を表す形）の3つがある。
>
> | 原級 | 比較級 | 最上級 | 比較級・最上級のつくり方 |
> |------|--------|--------|--------------------------|
> | tall | taller | tallest | (A) -er, -est をつける（原則） |
> | wide | wider | widest | (B) e で終わる語は -r, -st をつける |
> | hot | hotter | hottest | (C) 〈短母音字＋子音字〉で終わる語は子音字を重ねて |
> | busy | busier | busiest | (D) 〈子音字＋y〉で終わる語は y を i にかえて |
>
> ※(C)型の変化をする基本語は big, hot のみ。(D)型は busy, early, easy, happy など。

159 〉[形容詞の比較級・最上級]

日本文の意味を表すように，（　　）内に適当な1語を入れなさい。ただしどちらか一方の（　　）内には，〈　　〉内の語を適当な形にかえて入れること。

① 父は母よりも年上です。

My father is （　　　　）（　　　　） my mother. 〈old〉

② このかばんは私のかばんよりも重い。

This bag is （　　　　）（　　　　） my bag. 〈heavy〉

③ あれはこの市で一番高いビルです。

That is the （　　　　） building （　　　　） this city. 〈high〉

④ ジョンはぼくの友だちのうちで一番背が高い。

John is the （　　　　）（　　　　） my friends. 〈tall〉

> **ガイド** 比較級・最上級を使った基本的な文は，次のような形になる。
>
> **A is 比較級 than B.**（A は B よりも～だ。）
>
> **A is the ＋最上級 of [in] B.**（A は B の中で最も～だ。）
>
> → of ＋（仲間を表す）複数のもの（the three (boys), them など）
>
> in ＋（範囲・場所を表す）単数のもの（the class, Japan など）

重要 160 [more ～, most ～]

（　　）内の形容詞を適当な形にかえて____に入れ，英文を完成しなさい。ただし，1語とは限りません。

① Question B was ＿＿＿＿＿＿＿＿＿＿ than Question A. (difficult)

② She is the ＿＿＿＿＿＿＿＿＿＿ musician in Japan. (popular)

③ That picture is ＿＿＿＿＿＿＿＿＿＿ than this one. (beautiful)

④ Health is the ＿＿＿＿＿＿＿＿＿＿ thing of all. (important)

> ガイド 長い形容詞・副詞の比較級は more，最上級は most を前につけてつくる。
>
> | | 原級 | 比較級 | 最上級 |
> |---|---|---|---|
> | 短い語 | small | smaller | smallest |
> | 長い語 | interesting | more interesting | most interesting |

語句 ② musician [mjuːzíʃ∂n] 音楽家

161 [疑問詞で始まる疑問文]

日本文の意味を表すように，（　　）内に適当な1語を入れなさい。

① 7月と8月のどちらの方が暑いですか。―8月です。

（　　　　） is （　　　　）, July or August? ― August （　　　　）.

② チームの中で最も背が高いのはだれですか。―私です。

（　　　　） is the （　　　　）（　　　　） the team? ― I （　　　　）.

③ 3冊の本のうちで一番おもしろいのはどれですか。

（　　　　） is the （　　　　）（　　　　）（　　　　） the three books?

> ガイド 「どちら[だれ]がより[最も]～ですか」という意味の文は，which・who と形容詞の比較級・最上級を組み合わせてつくる。答えるときは〈主語＋be 動詞〉の形を使う。

162 [比較級を修飾する語]

各文に（　　）内の語句を加える場合の適当な位置をア～ウから選んで○でかこみ，さらに完成した文を日本語になおしなさい。

① My brother ァ is ィ taller ゥ than me. (a little)

（訳）＿＿＿＿＿＿＿＿＿＿＿＿＿＿＿＿＿＿＿＿

② My father ァ is ィ older ゥ than my mother. (three years)

（訳）＿＿＿＿＿＿＿＿＿＿＿＿＿＿＿＿＿＿＿＿

③ The first question was ァ easier ィ than ゥ the second one. (much)

（訳）＿＿＿＿＿＿＿＿＿＿＿＿＿＿＿＿＿＿＿＿

> ガイド 比較する相手との〈差の程度〉を表す語句は，比較級の前に置く。〈much ＋比較級〉は差の程度が大きいことを意味し，「～よりはるかに…」などと訳す。

最 高 水 準 問 題 ————————————————————— 解答 別冊 p.23

163 （　）内に入る最も適当な語句をア～エから選び，記号を○でかこみなさい。

① This book is (　　) difficult than that one for me.

　　ア much　　　イ more　　　ウ many　　　エ most　　　　　　　（神奈川県）

② This picture is the most beautiful (　　) all.

　　ア in　　　　　イ for　　　　ウ with　　　　エ of　　　　　　　（東京・駒込高）

③ I think soccer is (　　) exciting of all the sports.

　　ア a　　　　　イ than　　　ウ many　　　エ the most　　　　　（神奈川県）

④ New York is one of (　　) in the world.

　　ア a big city　　　　　　　イ the big city

　　ウ the biggest city　　　　エ the biggest cities　　　　　　（神奈川・日本大高）

⑤ A: Mary, do you remember this old picture of our family?

　　B: No. Is this crying boy my younger brother?

　　A: Yes. (　　)

　　B: That's right. But now he is the tallest in the family.

　　ア He looks older than you then.

　　イ He took his picture with you then.

　　ウ He was always smiling then.

　　エ He was smaller than you then.　　　　　　　　　　　　　（福岡県）

164 〈　〉内の語を適当な形にかえて（　）内に入れなさい。

① A: The last question in the test was the most difficult for me.　　（千葉県）

　　B: Really? I thought it was (　　　　　) than most of the questions. 〈easy〉

② Their country is larger than (　　　　　). 〈we〉　　　　　　（高知学芸高）

165 日本文の意味を表すように，（　）内に適当な1語を入れなさい。　（2点×5，計10点）

　この花はあの花よりも美しい。

　　This flower is (　　　　) (　　　　) (　　　　) that one.　　（獨協埼玉高）

―――――――――――――――――――――――――――――――――――――

解答の方針

163 ⑤ crying [kráiiŋ] 泣いている

164 ① Really [ríːəli]? 本当に？　most of ～ ～の大部分　② 「彼らの国」と「私たちの国」を比べる形。

166 ( )内の語句をならべかえて，英文を完成しなさい。

① A: Who (famous / is / most / tennis / the) player in Japan?

B: I want to say it's me. (秋田県)

_____

② A: Is this book (one / interesting / that / more / than)?

B: That's a difficult question. Both books are very interesting. (鳥取県)

_____

難 ③ A: Children today like to play computer games at home.

B: I agree. (to / fewer / outside / have / they / play / chances) before.

［1語不足］ （東京・豊島岡女子高）

_____

④ この箱はあの箱よりはるかに重い。

(than / much / one / this / heavier / that / is / box). （広島・崇徳高）

_____

⑤ 秋葉原は東京で最も有名な場所のひとつです。［1語句不要］

Akihabara is (famous / in / one / place / the most / places / of) Tokyo.

（東京・共立女子第二高）

_____

難 ⑥ もう少し安いのはありますか。

(a / cheaper / you / anything / have / do / little)? （茨城・東洋大付牛久高）

_____

167 会話が完成するように（ ）内に適当な1語を入れなさい。また，下線部の日本文を英語に
なおしなさい。

Fred: What did you do last weekend?

Ai: Look at this. I went ( ) and bought this book.

Fred: I've read it. それは日本で最も有名な本のひとつですね。

Ai: Yes, the writer is very popular now. （鳥取県）

_____

解答の方針

166 ① 答えの文は「それは私だと言いたい」の意味。 ② both [bóuθ] 両方の ③ agree [əgríː] 賛成する
⑥「何か安いもの」は something cheap。

22 比較級・最上級(2)

168 [副詞の比較級・最上級]

〈　〉内の語を適当な形にかえて(　　)内に入れ，英文を完成しなさい。ただし，1語とは限りません。さらに，完成した文を日本語になおしなさい。

① I got up (　　　　　　　) than my mother this morning. 〈early〉

(訳) _____

② Ichiro runs the (　　　　　　　) in my class. 〈fast〉

(訳) _____

③ My mother drives (　　　　　　　) than my father. 〈slowly〉

(訳) _____

④ I go to bed the (　　　　　　　) in my family on Saturdays. 〈late〉

(訳) _____

> ガイド　副詞にも比較級・最上級があり，形容詞と同じようにして文をつくる。形容詞・副詞の両方に使える語(early, late, fast など)に注意。
> He is **the fastest** runner. (彼は最も速いランナーだ。)〈fast＝形容詞〉
> He runs **(the) fastest**. (彼は最も速く走る。)〈fast＝副詞〉
> ※副詞の最上級には the をつけないこともある。

169 [better, best など]

〈　〉内の語を適当な形(1語)にかえて(　　)内に入れなさい。

① The new restaurant is (　　　　　) than the old one. 〈good〉

② Hiroko sings the (　　　　　) of my classmates. 〈well〉

③ My brother has (　　　　　) CDs than me. 〈many〉

④ Who eats the (　　　　　) in your family? 〈much〉

> ガイド　次の形容詞・副詞は，特殊な比較級・最上級を持つ。
>
> | 原級 | 比較級 | 最上級 |
> |---|---|---|
> | good / well | **better** | **best** |
> | bad | **worse** | **worst** |
> | many / much | **more** | **most** |
>
> ※左の表の more は「より多い」，most は「最も多い」の意味。

170 〉[疑問詞で始まる疑問文]

日本文を参考に，（　　　）内に適当な1語を入れなさい。

① トムとヒロシのどちらの方が熱心に勉強しましたか。—トムです。

Who studied (　　　　　　), Tom or Hiroshi? — Tom (　　　　　).

② あなたのクラスでだれが一番じょうずに英語を話しますか。—ユミです。

Who speaks English the (　　　　　) in your class? — Yumi (　　　　　).

> ガイド 「どちら[だれ]がより[最も]〜に…しますか」という意味の文は，which・who と副詞の比較級・
> 最上級を組み合わせてつくる。答えるときは〈主語＋(助)動詞〉の形を使う。

語句 ① hard [háːrd] 熱心に

重要 171 〉[like ＋比較級・最上級]

日本文の意味を表すように，（　　　）内の語句をならべかえなさい。

① 私はネコよりもイヌの方が好きです。

I (cats / better / dogs / than / like).

_____

② 私はすべてのスポーツのうちで野球が一番好きです。

I like (sports / the best / all / baseball / of).

_____

> ガイド **I like A better than B.** （B よりも A の方が好きです。）
> **Which do you like better, A or B?** （A と B のどちらの方が好きですか。）
> **I like A (the) best (of 〜).** （私は[〜のうちで]A が一番好きです。）
> **Which do you like (the) best (of 〜)?** （[〜のうちで]どれが一番好きですか。）

172 〉[比較の慣用表現]

次の文を日本語になおしなさい。

① Mt. Fuji is higher than any other mountain in Japan.

_____

② It is getting warmer and warmer.

_____

③ More than 100 people came to the party.

_____

> ガイド 比較級＋ **than any other** 単数形の名詞 （ほかのどの〜よりも…）
> 比較級 **and** 比較級 （ますます〜，だんだん〜）　　**more than 〜** （〜より多くの，〜以上の）

最 高 水 準 問 題 ———————————————————— 解答 別冊 p.24

173 （　　）内に入る最も適当な語句をア〜エから選び，記号を○でかこみなさい。

① I think this racket is (　　　) of all.

　ア well　　　　　イ good　　　　　ウ better　　　　エ the best　　　　　（栃木県）

② Ken can run (　　　) all.

　ア as faster as　　イ the faster of　　ウ the fastest　　エ the fastest of

（兵庫・関西学院高等部）

③ The weather has got much (　　　) day by day.

　ア bad　　　　　イ more bad　　　　ウ worse　　　　　エ worst　　　（高知・土佐塾高）

174 各組の２文の表す内容がほぼ同じになるように，（　　）内に適当な１語を入れなさい。

① He can run the fastest in his class.

　He is the (　　　　) (　　　　) in his class.　　　　　　　　　（兵庫・甲南高）

② Does she play the piano better than you?

　(　　　　) she a (　　　　) (　　　　) than you?　　　（東京家政学院高）

③ No girl in the class can sing as well as Mary.

　Mary is the (　　　　) singer in the class.　　　　（北海道・函館ラ・サール高）

175 日本文の意味を表すのに，下線部が誤っているものをア〜オから１つ選び，その記号を○でか
こみなさい。また，正しい語句を３語で＿＿に書きなさい。

「英語を話すのと聞くのとでは，あなたには，どちらの方が難しいですか。」

「私には英語を話す方が難しいけれど，興味はあります。私にとって一番難しいのは，英語を書く
ことです。」

"ァWhich is more difficult for you, speaking English or ィlisten to it?"

"Speaking English is ゥmore difficult for me, but I ェam interested in it.　ォThe
most difficult thing for me is to write English." ＿＿＿＿＿＿＿＿＿＿＿＿＿＿

（神奈川・柏陽高）

176 日本文の意味を表すように，英文を完成しなさい。書き入れる英語は，like を必ず含んで５語
とすること。

あなたは，携帯電話とコンピューターとでは，どちらがより好きですか。

＿＿＿＿＿＿＿＿＿＿＿＿＿＿＿＿＿＿＿＿＿, a cell phone or a computer?

（神奈川・多摩高）

解答の方針

173 ③ day by day 日ごとに

175 何と何が比較されているかを考える。

177 ( )内の語をならべかえて，英文を完成しなさい。

① A: Do you know Tomoko?

B: Yes, she is (friends / best / of / my / one). （青森県）

_____

② Mika: Wow, you have a beautiful picture!

Sam: Shall (you / I / more / show) pictures?

Mika: Yes, please. （高知県）

_____

難 ③ You lived in Japan for about one year. Well, (the / do / which / season / best / you / like) in Japan? （岡山県 改）

_____

④ 彼はもっとうまくテニスができるようになるだろう。

(play / will / to / he / tennis / be / better / able). （獨協埼玉高）

_____

⑤ この本はあの本よりずっとおもしろい。

This book (than / interesting / one / that / is / much). ［1語不足］

（北海道・東海大付第四高）

_____

難 **178** 対話が成り立つように，下線部に5語の英文を書きなさい。

A: Your English is too fast for me.

_____?

B: Oh, I'm sorry. I'll try to do so. （徳島県）

179 次の文を英語になおしなさい。

① 私はコーヒーより紅茶の方が好きだった。 （北海道・函館ラ・サール高）

難 ② 来週はもっと寒くなるそうですよ。 （岡山白陵高）

_____

解答の方針

178 Bの do so(そうする)という答えに着目する。

179 ②「〜だそうだ」は I hear (that) 〜や They say (that) 〜で表せる。

23 as を用いた比較

180 [as 〜 as ...]

日本文の意味を表すように, (　　)内の語句をならべかえなさい。

① アメリカ合衆国は中国と同じくらいの広さです。

The U.S. (China / as / as / is / large).

_____

② あしたは今日と同じくらい涼しいでしょう。

Tomorrow will (as / as / cool / be / today).

_____

③ 私はおじと同じくらい金持ちになりたいです。

I want to (my uncle / as / as / become / rich).

_____

④ ナオコはお姉さんと同じくらい料理がじょうずです。

Naoko (her sister / as / cooks / as / well).

_____

> ガイド 〈as ＋形容詞[副詞]＋ as ...〉で「…と同じくらい〜」の意味を表す。

◆ 重要 181 [not as [so] 〜 as ...]

次の文を日本語になおしなさい。

① Japan is not as large as France.

_____

② I can't eat as many hamburgers as you.

_____

③ I don't know as much about soccer as my brother.

_____

> ガイド 〈not ＋ as [so] ＋形容詞[副詞]＋ as ...〉は「…ほど〜ではない」の意味。
> I am **not as [so] tall as** Ken.
> (×私はケンと同じくらい背が高くない。)
> (○私はケンほど背が高くない。)

語句 ① France [fréns] フランス　② hamburger [hǽmbə:rgər] ハンバーガー

182 〉 [... times as 〜 as]

次の英文の日本語訳を完成しなさい。

① He studies three times as long as you.

彼は＿＿＿＿＿＿＿＿＿＿＿＿＿＿＿＿＿＿＿＿勉強しているよ。

② This ball is half as big as a tennis ball.

このボールはテニスボールの＿＿＿＿＿＿＿＿＿＿＿＿＿＿＿＿＿＿＿。

③ Australia is about twenty times as large as Japan.

オーストラリアは＿＿＿＿＿＿＿＿＿＿＿＿＿＿＿＿＿＿。

④ My sister has more than twice as many clothes as me.

姉は＿＿＿＿＿＿＿＿＿＿＿＿＿＿＿＿＿＿服を持っています。

> ガイド 〈数字＋ **times** ＋ **as** ＋形容詞［副詞］＋ **as** ...〉は「…の〜倍」の意味。3倍以上は three times, four times ... といい，2倍は two times または twice，半分は half で表す。

語句 ④ clothes [klóuz] 服

183 〉 [as 〜 as ＋主語＋ can]

日本文の意味を表すように，アかイを○でかこみなさい。

① できるだけ熱心に練習しなさい。

Practice as hard as (ア can イ you can).

② 私はじゅうたんの上をできるだけ注意深く歩きました。

I walked on the carpet as carefully as (ア I can イ I could).

③ 学生はできるだけ多くの本を読むべきです。

Students should read (ア as many books イ books as many) as they can.

> ガイド 〈**as** 〜 **as** ＋主語＋ **can**〉で「できるだけ〜」の意味を表す。主語は文の主語に合わせる。文が過去形のときは can は could になる。as と as の間には，形容詞・副詞・形容詞＋名詞を置く。

語句 ② carpet [kάːrpit] じゅうたん

184 〉 [the same (〜) as ...]

日本文の意味を表すように，( )内に適当な1語を入れなさい。

① 私はクラスメートたちと同じ辞書を使っています。

I use the same dictionary ( ) my classmates.

② ぼくは君のと同じスマートフォンを買いたい。

I want to buy the ( ) smartphone ( ) yours.

> ガイド 〈**the same** (〜) **as** ...〉の形で「…と同じ(〜)」の意味を表す。

最 高 水 準 問 題 ──────────────── 解答 別冊 p.25

185 （　　）内に入る最も適当な語句をア～エから選び，記号を○でかこみなさい。

① This flower is （　　　） as that flower.

　ア pretty　　　イ as pretty　　　ウ prettier　　　エ the prettiest　　　（栃木県）

② Tom can speak Chinese as （　　　） as Mark.

　ア well　　　イ better　　　ウ good　　　エ nice　　　（茨城・清真学園高）

③ Her house is （　　　） my house.

　ア as twice large as　　　　　イ as large twice as

　ウ large as twice as　　　　　エ twice as large as　　　（埼玉・聖望学園高）

186 各組の２文の表す内容がほぼ同じになるように，（　　）内に適当な１語を入れなさい。

① This book is more interesting than that.

　That book is not （　　　　　） interesting （　　　　） this.　　　（東京・郁文館高）

② Ken is 170 cm but I am 165 cm.

　I am （　　　　　） （　　　　　） tall as Ken.　　　（東京・駒込高）

③ My father can play golf better than I.

　I can't play golf （　　　　） （　　　　） （　　　　） my father.　　　（兵庫・関西学院高等部）

④ Yukari is not as young as Toshi.

　Toshi is （　　　　　） than Yukari.　　　（東京・堀越高）

⑤ My brother tried his best.

　My brother tried as much as （　　　　） （　　　　）.　　　（大阪・清風南海高）

187 日本文の意味を表すように，（　　）内に適当な１語を入れなさい。

① 彼はぼくの約２倍の本を持っている。

　He has about （　　　　） （　　　　） （　　　　） （　　　　） as I do.

　　　（鹿児島・ラ・サール高）

② この時計はあの時計ほど安くはない。

　This watch is （　　　　） （　　　　） （　　　　） （　　　　） that one.　　　（茨城高）

──────────────────────────

解答の方針

185 ② Chinese [tʃainíːz] 中国語

186 ③ golf [gálf] ゴルフ　⑤ try one's best 全力をつくす

187 ② 「安い」は cheap。

188 ( )内の語をならべかえて，英文を完成しなさい。

① A: Which do you like better, baseball or basketball?

B: Oh, it's a difficult question for me. I (think / has / as / is / baseball)

exciting as basketball. ［1語不要］　　　　　　　　　　　（神奈川県 改）

② できるだけ一生懸命英語を勉強しなきゃだめよ。

(you / study / try / can / hard / to / as / as / English).　　　（佐賀・東明館高）

🔺 ③ 彼は私の3倍の数の本を持っています。

(as / as / books / I / has / have / he / many / three / times).　　（長崎・青雲高）

189 日本文の意味を表すように（ ）内に〔 〕内の語をならべかえて入れ，英文を完成しなさい。

この鉛筆はあの鉛筆の3倍の長さだ。［1語不要］

This pencil ( ) ( ) ( ) ( ) ( ) as

( ) ( ).

〔 is / three / one / third / long / that / as / times 〕　　　　（神奈川・桐蔭学園高）

190 次の文を英語になおしなさい。

① 彼女はあなたと同じくらいじょうずにテニスをすることができます。　（鳥取県）

② 私の自転車はあなたのほど古くはありません。　　　　　（高知・土佐高）

③ できるだけ多くの本を読みたいの。　　　　　　　　　　（京都・立命館高）

解答の方針

188 ① Bの答えの最初の文は「私には答えにくい質問だ［どちらとも決められない］」という意味。

190 ③ many books をひとまとまりの語句として考える。

24 and, or, but

(解答) 別冊 p.26

標準問題

重要 191 〉[and, or, but の用法]

( )内に and, or, but のうち1語を選んで入れなさい。

① Haruka ( ) I are good friends.

② I went to the shop, ( ) it was closed.

③ Which would you like, coffee ( ) cocoa?

④ Hiroshi, Kenji, ( ) I are going to help you together.

⑤ It was warm today, ( ) it will be cold tomorrow.

⑥ Is that woman a doctor ( ) a nurse?

> ガイド and, or, but は，語句や文を対等の関係で結びつける。
>   [語句を並べる] **A and B**(AとB) **A, B(,) and C**(AとBとC)
>   **A or B**(AまたはB) **A, B(,) or C**(A，B，またはC)
>   [文を並べる] **A(,) and B**(A，そしてB) **A(,) but B**(A，しかしB)

語句 ② closed [klóuzd] 閉まっている ③ cocoa [kóukou] ココア ⑥ nurse [nə́ːrs] 看護師

191 192 〉[命令文, and [or] ...]

次の文の( )内に and, or のいずれかを選んで入れ，完成した文を日本語になおしなさい。

① Turn left at that corner, ( ) you'll find a bank.

(訳) _____

② Don't be noisy, ( ) the baby will wake up.

(訳) _____

③ Start now, ( ) you'll catch the train.

(訳) _____

④ Start now, ( ) you'll miss the train.

(訳) _____

> ガイド 命令文の後ろに and, or を置くと次の意味になる。
>   **命令文, and ...** (〜しなさい，そうすれば…)
>   **命令文, or ...** (〜しなさい，さもないと…)

語句 ① turn [tə́ːrn] 曲がる corner [kɔ́ːrnər] かど bank [bǽŋk] 銀行 ② wake [wéik] up 目ざめる

最高水準問題 ——————————————————— 解答 別冊 p.26

193 ( )内に入る最も適当なものをア〜エから選び,記号を○でかこみなさい。

① Turn right, ( ) you will find the post office on your left.

　ア and 　　 イ or 　　 ウ but 　　 エ because 　　　　(高知・土佐塾高)

② Return the book soon, ( ) you won't be able to borrow books from the library.

　ア so 　　 イ or 　　 ウ but 　　 エ and 　　　　(東京・日本大第二高[改])

③ A: We're going out for lunch. Why don't you join us?

　B: I'd love to, ( ) I have to finish this report by three.

　ア and 　　 イ but 　　 ウ so 　　 エ then 　　　　(北海道・函館ラ・サール高)

194 ( )内に適当な1語を入れ,対話を完成しなさい。

Ryo: Jane, which city do you want to visit first, Sendai ( ) Morioka?

Jane: I'd like to go to Sendai first. 　　　　(山形県)

195 2文の表す内容がほぼ同じになるように,( )内に適当な1語を入れなさい。

If you don't try harder, you won't win the game.

( ) ( ), ( ) you won't win the game. 　　　　(長崎・青雲高)

196 ( )内の語をならべかえて英文を完成し,＿＿に書きなさい。

① A: Ted, will (some / get / you / and / go) tomatoes? We need them to eat with our spaghetti for lunch.

　B: OK, I will. 　　　　(千葉県)

———————————————————————————————————————

難 ② 彼は1,2時間で戻ってくるだろう。

　(in / will / hour / he / be / or / back / two / an). 　　　　(獨協埼玉高)

———————————————————————————————————————

解答の方針

193 ② borrow [bɔ́(ː)rou] 借りる　③ report [ripɔ́ːrt] レポート

196 ① tomato [təméitou] トマト　spaghetti [spəɡéti] スパゲティ　② 「1時間または2時間で」と考える。

25 when, because, that など

197 〉 [when, before など]

（　　）内に after, before, until, when のうち 1 語を選んで入れ，完成した文を日本語に
なおしなさい。

① We played in this park (　　　　　) we were children.

(訳) _____

② Shall we play tennis (　　　　　) we finish our homework?

(訳) _____

③ Brush your teeth (　　　　　) you go to bed.

(訳) _____

④ We have to wait for twenty minutes (　　　　　) the next bus comes.

(訳) _____

> ガイド　接続詞には，次のような形で文と文を結びつけるものがある。
>
> He was poor **when** he was young. = **When** he was young, he was poor.
>
> 彼は貧しかった ＋ 彼が若かったとき
>
> 接続詞で始まる部分は前にも後ろにも置ける。接続詞の後ろから訳す点に注意。
>
> 〈時〉を表す接続詞には，**when**(～するとき)・**after**(～した後で)・**before**(～する前に)・
> **until [till]**(～するまで)などがある。

語句　④ minute [mínət] (時間の)分

198 〉 [because, if]

日本文の意味を表すように，正しい文の記号を○でかこみなさい。

① 私は病気だったので外出できませんでした。

　　ア I couldn't go out because I was sick.

　　イ I was sick because I couldn't go out.

② もしあした雨が降れば，私たちはサッカーをしません。

　　ア It rains tomorrow, if we will not play soccer.

　　イ If it rains tomorrow, we will not play soccer.

> ガイド　**because**(～なので)は〈理由〉を，**if**(もし～なら)は〈条件〉を表す。
>
> I can't study **because** I'm tired. = **Because** I'm tired, I can't study.
>
> 勉強できない＋疲れているので

199 〉[that]

次の文を日本語になおしなさい。

① I think that he will come on time.

_____

② I can't believe that the team lost the game.

_____

③ Our coach always says that we must do our best.

_____

④ Even a child knows that cats catch mice.

_____

> **ガイド** that は接続詞としても使う。〈**that ＋主語＋動詞**〉(〜ということ)という形を，**think**(思う)，
> **hope**(望む)，**know**(知っている)，**say**(言う)などの後ろに置くことができる。
> I know **that** she is a good singer.
> 私は〜を知っている＋彼女は歌がじょうずだということ

> **語句** ① on time 時間どおりに　② lose [lúːz] (試合に)負ける　③ coach [kóutʃ] コーチ do one's
> best 全力をつくす　④ even [íːvn] 〜さえ　mice [máis] mouse [máus] (ネズミ)の複数形

◆ 重要 200 〉[that の省略]

日本文の意味を表すように，( )内の語句をならべかえなさい。

① あなたが試験に合格すればいいと私たちは望んでいます。

(you / we / the exam / will / hope / pass).

_____

② 彼女はイギリスに住んでいたと私は聞いています。

(she / in / hear / I / lived / Britain).

_____

③ 彼女のお母さんが女優だったと知っていますか。

(her mother / an actress / you / was / know / do)?

_____

④ 私はこのホテルに泊まったことを覚えています。

(this hotel / I / I / at / remember / stayed).

_____

> **ガイド** 〈動詞＋ that 〜〉の形では，that が省略されることがよくある。
> I think (that) this question is easy. (この問題はやさしいと思います。)

> **語句** ③ actress [ǽktrəs] 女優　④ stay at 〜 〜に泊まる

解答 別冊 p.28

201 (　)内に入る最も適当な語句をア〜エから選び，○でかこみなさい。

① Be careful (　　) you use this machine.

　ア for　　　　イ when　　　ウ but　　　　エ during　　　（兵庫・関西学院高等部）

② Let's leave here (　　) it starts raining.

　ア during　　　イ then　　　ウ till　　　　エ before　　　（兵庫・関西学院高等部）

③ I knew (　　) Mr. Hasegawa was out.

　ア or　　　　　イ because　　ウ while　　　エ that　　　　（栃木・作新学院高）

④ A: I don't feel well.

　B: You'll get well (　　) you go to bed soon.

　ア and　　　　イ but　　　　ウ or　　　　エ if　　　　（高知学芸高）

⑤ I came here (　　) I wanted to see you.

　ア after　　　イ because　　ウ if　　　　エ that　　　（広島・比治山女子高）

⑥ He got up very late, (　　) he missed the bus and was late for work.

　ア because　　イ as　　　　ウ though　　エ so　　　　（長崎・青雲高）

⑦ Takashi got sick (　　) he was staying in England.

　ア while　　　イ and　　　　ウ if　　　　エ but　　　（奈良・天理高）

202 各組の2文の表す内容がほぼ同じになるように，(　)内に適当な1語を入れなさい。

① My brother was very sad to hear the news from his teacher.

　My brother was very sad when (　　　) (　　　) the news from his

　teacher.　　　　　　　　　　　　　　　　　　　　　　（神奈川・柏陽高改）

② Practice hard, or you will lose the game.

　(　　　) you (　　　) practice hard, you will lose the game.

　　　　　　　　　　　　　　　　　　　　　　（神奈川・法政大第二高）

③ Kumi read the book and went to bed.

　Kumi went to bed (　　　) (　　　) read the book.　（広島・近畿大附福山高）

解答の方針

201 ① machine [məʃíːn] 機械　③ out 外出している　④ feel well 気分がいい　get well 元気になる
202 ① when(接続詞)の後ろには〈主語＋動詞〉を置く。　③ 最初の(　)内に接続詞を入れる。

203 (）内の語句をならべかえて，英文を完成しなさい。

① A: Look! The sky in the west is becoming dark!

B: (before / begins / go / have / home / to / we) to rain. ［1語不足］

（東京・豊島岡女子高）

② もし晴れたら川に魚釣りに行きませんか。

(the river / fishing / it's / going / how / in / about / if) sunny?　（香川県大手前丸亀高）

③ 私は，子どもは早く寝るべきだと思う。

I (bed / children / go / should / that / think / to) early.　（大阪・帝塚山学院高）

④ 留学して，異文化について学ぶことが大切だとわかった。

After studying abroad, (found / different / I / was / learning / cultures / about) important.　（大阪・開明高）

204 ア〜エから誤っているものを1つ選び，記号を○でかこみなさい。

A: Is there ァanything to eat?

B: Yes. There is ィsome food. But you have ゥto wash your hands before ェeat.

（神奈川・鎌倉高）

205 次の文を英語になおしなさい。

① 私は子どものころに，この川で泳ぎました。

② もし歴史に興味があるのなら，あなたはこの本を読んだ方がよい。　（広島・近畿大附東広島高）

解答の方針

203 ① before の後ろに〈主語＋動詞〉を置く形を考える。 west [wést] 西　④ found の後ろに that が省略された形。 study abroad [əbrɔ́ːd] 留学する　culture [kʌ́ltʃər] 文化

205 ②「〜する方がよい」は should で表せる。

26 前置詞の意味と用法

（解答）別冊 p.28

標 準 問 題 ————————————————————————————————

206 〉[「時」を表す前置詞(1)]

(　　)内から最も適当な前置詞を選び，記号を○でかこみなさい。

① I usually get up (ア at　イ in　ウ on) six every morning.

② The summer festival starts (ア at　イ in　ウ on) July 20.

③ Leaves of many trees fall (ア at　イ in　ウ on) autumn.

④ I studied (ア at　イ from　ウ by) eight to eleven.

⑤ I studied (ア in　イ to　ウ for) three hours.

> ガイド 時を表す主な前置詞には，次のようなものがある。
>
> **at** six o'clock（6時に）〈時の1点〉　　　**in** the morning（午前中に）〈幅のある時間〉
>
> **on** Sunday（日曜日に）〈特定の日〉　　　**for** two days（2日間）
>
> **from** morning **till [to]** night（朝から晩まで）

語句　② festival [féstəvl] 祭り　③ leaves leaf [líːf] 葉の複数形　fall [fɔ́ːl] 落ちる　autumn [ɔ́ːtəm] 秋

重要 207 〉[「時」を表す前置詞(2)]

日本文の意味を表すように，(　　)内に入る適当な前置詞を，下の〔　　〕内から1つずつ選んで書きなさい。

① 私は旅行中に病気になりました。

I became sick (　　　　　) my trip.

② 彼は24時間何も食べませんでした。

He didn't eat anything (　　　　) 24 hours.

③ 私たちはこの仕事を3日で終えるつもりです。

We will finish this work (　　　　) three days.

④ 7時まで待ったけれど彼女は来ませんでした。

I waited (　　　　) seven, but she didn't come.

⑤ 今晩6時までにあなたの家へうかがいます。

I'll come to your house (　　　　) six this evening.

〔 by / during / for / in / until 〕

> ガイド **until** tomorrow（明日まで）　　　**by** tomorrow（明日までに）
>
> **during** the vacation（休暇の間に）　　　**in** a week（1週間たてば）

語句　② hour [áuər] 時間

208 [「場所」を表す前置詞(1)]

( )内に適当な前置詞を入れなさい。

① 私たちは京都駅に11時に着きました。

We arrived (　　　) Kyoto Station at eleven.

② その国では人々はドイツ語を使っています。

People use German (　　　) that country.

③ 壁にはきれいな絵がかかっていました。

There was a beautiful picture (　　　) the wall.

④ 湖の上をたくさんの鳥が飛んでいました。

A lot of birds were flying (　　　) the lake.

ガイド 〈場所〉を表す主な前置詞は，次のように使い分ける。

at ＝時や場所の1点　　　　　　　（例）**at** ten(10時に)，**at** the station(駅で)

in ＝広さのある時や場所の中　　　（例）**in** summer(夏に)，**in** Japan(日本で)

on ＝接触している　　　　　　　（例）**on** the desk(机の上に)

over [above] ＝上の方に(離れて)　（例）**over** the mountain(山の上方に)

under [below] ＝下の方に(離れて)（例）**under** the table(テーブルの下に)

語句 ① arrive [əráiv] at 〜 〜に着く　② German [dʒə́ːrmən] ドイツ語　③ wall [wɔ́ːl] 壁

---

209 [「場所」を表す前置詞(2)]

( )内から最も適当な前置詞を選んで○でかこみ，完成した文を日本語になおしなさい。

① Who is that girl (ア in イ into ウ between) Keiko and Emi?

(訳) ＿＿＿＿＿＿＿＿＿＿＿＿＿＿＿＿＿＿＿＿＿＿＿＿

② I walked from my house (ア at イ in ウ to) the station.

(訳) ＿＿＿＿＿＿＿＿＿＿＿＿＿＿＿＿＿＿＿＿＿＿＿＿

③ A boy is standing (ア by イ over ウ for) the gate.

(訳) ＿＿＿＿＿＿＿＿＿＿＿＿＿＿＿＿＿＿＿＿＿＿＿＿

④ There are many trees (ア at イ around ウ from) the pond.

(訳) ＿＿＿＿＿＿＿＿＿＿＿＿＿＿＿＿＿＿＿＿＿＿＿＿

⑤ The game finished and people came (ア up イ over ウ out of) the stadium.

(訳) ＿＿＿＿＿＿＿＿＿＿＿＿＿＿＿＿＿＿＿＿＿＿＿＿

ガイド **between** the station **and** the hotel（駅とホテルの間に）　**by** the tree（木のそばに）

from here **to** the station（ここから駅まで）　**around** the park（公園のまわりで[に]）

go **into** the room（部屋の中に入る）　go **out of** the room（部屋から外へ出る）

語句 ③ gate [géit] 門　④ pond [pánd] 池　⑤ stadium [stéidiəm] 競技場

210 〉[「手段」「目的」などを表す前置詞]

日本文の意味を表すように，（　　）内から最も適当な前置詞を選び，記号を○でかこみなさい。

① 私はバスで通学します。

I go to school (ア in　イ by　ウ with) bus.

② このナイフでパンを切りなさい。

Cut the bread (ア in　イ with　ウ for) this knife.

③ 私は英語で日記をつけています。

I keep a diary (ア in　イ on　ウ by) English.

④ パソコンなしでこの宿題ができますか。

Can you do this homework (ア not　イ never　ウ without) the computer?

⑤ 私はアメリカ旅行のために貯金するつもりです。

I'll save money (ア to　イ by　ウ for) my trip to America.

> **ガイド** **by** car(車で)※〈by(〜によって)＋交通手段〉のときは a や the をつけない。
> write **with** a pen(ペンで書く)〈with ＝〜を使って〉
> speak **in** English(英語で話す)
> live **without** the TV(テレビなしで暮らす)〈without ＝〜なしで〉
> work **for** world peace(世界平和のために働く)〈for ＝〜のために〉

語句　② bread [bréd] パン　knife [náif] ナイフ　③ keep a diary [dáiəri] 日記をつける

211 〉[副詞句と形容詞句]

斜字体の語句に注意して，日本語になおしなさい。

① I traveled to China *with my father*.

_____

② Who's that girl *with long hair*?

_____

③ Could you tell me the way *to the station*?

_____

④ People *all over the world* know this song.

_____

> **ガイド** 前置詞句(＝前置詞で始まる語句)は，副詞または形容詞の働きをする。
> (a) The boy is sitting **in the car**.　　(b) The boy **in the car** is my brother.
> 　　　　　　└─────┘ 副詞の働き　　　　　└─────┘ 形容詞の働き
> ※動詞を修飾するのは副詞，名詞を修飾するのは形容詞。

語句　② hair [héər] 髪

最 高 水 準 問 題 ———————————————————— 解答 別冊 p.29

212 ( )内に入る最も適当な語をア～エから選び，記号を○でかこみなさい。

① Will you be able to finish the job ( ) next Wednesday?

    ア until   イ at   ウ by   エ since   (長崎・青雲高)

② I usually finish work at 5:00 p.m., but sometimes I work ( ) 8:00 p.m.

    ア at   イ by   ウ for   エ till   (神奈川・法政大第二高)

③ [*At a station*]

  A: I don't know which girl is Kaori.

  B: She is that little girl ( ) long hair.

    ア on   イ with   ウ for   エ in   (福島県)

④ She wrote to her grandmother ( ) a pen.

    ア with   イ by   ウ in   エ on   (広島・近畿大附東広島高)

⑤ He left school ( ) the age of 18.

    ア in   イ on   ウ at   エ during   (北海道・函館ラ・サール高)

⑥ The woman is standing in front ( ) the building.

    ア for   イ to   ウ of   エ from   (千葉・東海大付浦安高)

⑦ There is a movie theater just ( ) from the hotel.

    ア before   イ over   ウ side   エ across   (智弁学園和歌山高)

213 ( )内に適当な1語を入れ，英文を完成しなさい。文字が与えられているときは，その文字で始まる語を入れること。

① There is no difference ( ) my idea and Tom's.   (高知学芸高)

② A: When did you visit Kyoto?

  B: I went there (d) the summer vacation last year.   (岩手県 改)

③ A: Are you for that plan?

  B: No, I'm (a) the plan.   (岩手県 改)

④ A: ( ) do you go to school?

  B: I usually go ( ) bus.   (兵庫・関西学院高)

解答の方針

212 ①② 「～までに」と「～まで」の違いに注意。 ⑦ movie theater [θíːətər] 映画館

213 ③ 計画に賛成か反対かを話している。 ④ 交通手段を話している。

214 各組の2文の表す内容がほぼ同じになるように，（　　）内に適当な1語を入れなさい。

① Let's play tennis when school is over.

　Let's play tennis (　　　　) (　　　　). 　　　　（東京・共立女子第二高）

② We need water to live.

　We cannot live (　　　　) (　　　　). 　　　　（神奈川・法政大第二高）

🄳 ③ While I was staying in America, I visited him.

　(　　　　) (　　　　) stay in America, I visited him. 　（広島・近畿大附福山高）

④ He stayed home because it rained.

　He stayed home because (　　　　) the rain. 　　（東京・國學院大久我山高）

215 各組の（　　）内に共通して入る1語を答えなさい。

① Jogging is good (　　　　) your health.

　My mother made an apple pie (　　　　) us.

　We lived in the town (　　　　) a long time.

② My brother and I go to school (　　　　) foot.

　I ran across my aunt (　　　　) my way to school.

　Don't put (　　　　) earrings if you are going to school. 　（千葉・昭和学院秀英高 改）

216 （　　）内に下の〔　　　〕から適当な前置詞を選んで入れなさい。文頭にくる語も小文字で示してあります。

① Tom saw a terrible traffic accident (　　　　) his way home from school.

② We have no pencil or pen to write (　　　　).

③ (　　　　) fact, I'm very busy today.

④ I waited for him (　　　　) twenty minutes.

⑤ (　　　　) the way, are you free today?

　〔 of / in / for / by / with / without / from / as / between / on 〕 　（神奈川・日本大高）

解答の方針

214 ① be over 終わる　③ while [hwáil] は「～する間」の意味の接続詞。前置詞で言いかえる。

215 ① jogging [dʒágiŋ] ジョギング　pie [pái] パイ　② run across ～ ～に偶然出会う
　　earring [íərriŋ] イヤリング

216 ① terrible [térəbl] ひどい，こわい　traffic [trǽfik] accident [ǽksədənt] 交通事故

217 （　　　　）内の語句をならべかえて，英文を完成しなさい。

① A: Did you (between / the baseball game / and / watch / Japan) Korea on TV?

B: Yes, it was very exciting.　　　　　　　　　　　　　　　　　　（島根県）

_____

② Will you (the way / tell / the hospital / to / me)?　　　　　　　（青森県）

_____

③ ここから中野駅までどれくらいありますか。

(from / how / to / far / Nakano / is / here / it) Station?　　（東京・実践学園高）

_____

④ A: This is a picture of the Statue of Liberty in New York.

B: It is so big and wonderful.

A: Did you know that France (it / to / gave / as / America) a symbol of friendship?　　　　　　　　　　　　　　　　　　　　　　　（岩手県改）

_____

⑤ 生徒たちは，自分の趣味について英語でスピーチをしているところです。

The students (English / speeches / in / are / about / making) their hobbies.

（埼玉・星野高）

_____

難 ⑥ 私たちはながめのよい部屋で数日間過ごしました。

(days / spent / nice / with / a few / we / a room / view / a / in).　（高知・土佐塾高）

_____

218 次の文を英語になおしなさい。

① 犬を連れている女の子が私の妹です。

_____

難 ② 夕食後，弟といっしょに1時間テレビゲームをしました。　　（高知学芸高）

_____

解答の方針

217 ①「日本と韓国との試合」　④ the Statue [stǽtʃuː] of Liberty [líbərti] 自由の女神像
symbol [símbl] シンボル，象徴　friendship [fréndʃip] 友情　⑤ make a speech [spíːtʃ] スピーチを
する　⑥ view [vjúː] ながめ

218 ①「犬といっしょの女の子」と考える。　②「テレビゲーム」は video game。

27 動詞・形容詞＋前置詞

重要 **219** [動詞と結びつく前置詞]

日本文の意味を表すように，（　）内に入る適当な前置詞を，下の〔　〕から1つずつ選んで書きなさい。

① 何をさがしているのですか。

What are you looking (　　　　)?

② 私たちは4時半に空港に着きました。

We got (　　　　) the airport at four thirty.

③ 私は来週長野のおじを訪ねる予定です。

I'm going to call (　　　　) my uncle in Nagano next week.

④ この小説をどう思いますか。

What do you think (　　　　) this novel?

〔 for / of / on / to 〕

> **ガイド** 〈動詞＋前置詞〉がひとまとまりの意味を表す場合がある。
>
> **belong to** ～（～に所属する）　　**come from** ～（～の出身だ）
>
> **get on** ～（～に乗る）　　　　　**get off** ～（～から降りる）

重要 **220** [形容詞と結びつく前置詞]

日本文の意味を表すように，（　）内に適当な前置詞を入れなさい。

① 今日はなぜ学校に遅刻したのですか。

Why were you late (　　　　) school today?

② 何人かの生徒が学校を休んでいます。

Some students are absent (　　　　) school.

③ このバケツには水がいっぱいに入っています。

This bucket is full (　　　　) water.

④ 日本の文化は西洋の文化とは違います。

Japanese culture is different (　　　　) Western culture.

> **ガイド** 〈be 動詞＋形容詞＋前置詞〉がひとまとまりの意味を表す場合がある。
>
> **be afraid of** ～（～を恐れる）　　**be famous for** ～（～で有名だ）
>
> **be good at** ～（～が得意だ）　　　**be proud of** ～（～を誇りに思っている）

最 高 水 準 問 題 ————————————————————— 解答 別冊 p.30

221 次の文の（　　）内に入る最も適当な語句をア〜エから選び，記号を○でかこみなさい。

① What time will we (　　　　) at Hakodate Airport?

　　ア get　　　　　　イ go　　　　　　ウ arrive　　　　エ reach

（北海道・函館ラ・サール高）

難 ② He (　　　　) the word in a dictionary to check its meaning.

　　ア looked into　　イ looked like　　ウ looked after　　エ looked up

（東京・明治大付中野高）

222 （　　）内に適当な1語を入れ，英文を完成しなさい。ただし，文字が与えられているときはその文字で始まる語を入れること。

① A: Do you know anything about Australia?

　　B: Yes, of course. It is (f　　　　) for koalas. （東京・国立工業高専）

② A: Have you ever (h　　　　) of solar energy?

　　B: Yes, I know what it is. It's energy from the sun. （東京・国立工業高専）

③ 彼は東京に向かって出発した。

　　He (　　　　) (　　　　) Tokyo. （東京・駒込高）

④ Do you know the Hogwarts Express? If you want to go to Hogsmeade, you should (　　　) (　　　　) that train at Kings Cross Station.

（神奈川・法政大第二高）

223 各組の2文の表す内容がほぼ同じになるように，（　　）内に適当な1語を入れなさい。

① Andy plays the guitar well.

　　Andy is (　　　　) (　　　　) playing the guitar. （長崎・青雲高）

② I like novels.

　　I am (　　　　) (　　　　) novels. （東京・東京農業大第一高）

③ His bike and yours aren't the same.

　　His bike is (　　　　) (　　　　) yours. （智弁学園和歌山高）

④ He looked after the dog.

　　He (　　　　) (　　　　) of the dog. （広島・近畿大附東広島高）

難 ⑤ You must not come into this room with your shoes on.

　　(　　　　) (　　　　) your shoes when you come into this room.

（東京・江戸川女子高）

解答の方針

221 ② check [tʃék] 調べる　meaning [míːniŋ] 意味

222 ① koala [kouáːlə] コアラ　② solar [sóulər] 太陽の　④ express [iksprés] 急行列車

223 ⑤ with one's shoes on 靴をはいたままで

⏱ 時間 50分　得点

🏁 目標 70点　／100

1 ( )内に入る正しい語の記号を○でかこみなさい。　(各2点, 計10点)

① My brother has ( ) as many CDs as I do.

　ア two　　　イ twice　　　ウ second　　　エ double　　　(東京・中央大附高)

② George will stay in Vancouver ( ) the day after tomorrow.

　ア by　　　イ until　　　ウ since　　　エ at　　　(東京・日本大鶴ヶ丘高)

③ Everybody knows that the sun rises ( ) the east.

　ア on　　　イ at　　　ウ in　　　エ to　　　(高知・土佐塾高)

④ A: May I help you?

　B: Yes, please. I'm looking ( ) a sweater.

　ア at　　　イ around　　　ウ for　　　エ into　　　(茨城・東洋大付牛久高)

⑤ I didn't go out last Sunday ( ) it was very cold.

　ア so　　　イ but　　　ウ because　　　エ if

2 各組の2文の表す内容がほぼ同じになるように, ( )内に適当な1語を入れなさい。

(各3点, 計15点)

① If you are not quiet, we can't hear the teacher.

　( ) quiet, ( ) we can't hear the teacher.　　　(東京・中央大附高)

② Emi can play the piano better than Yumi.

　Yumi ( ) play the piano as ( ) as Emi.　　　(東京・江戸川女子高)

③ While I was staying in Kyoto, I met him several times.

　During ( ) ( ) in Kyoto, I met him several times.　　　(神奈川・日本大高)

④ Fishing is not as interesting as swimming for him.

　He likes ( ) ( ) than ( ).　　　(茨城・茗溪学園高)

⑤ These books belong to us.

　These books are ( ).　　　(東京・実践学園高)

3 日本文の意味を表すように，（　　）内に適当な1語を入れなさい。　　　　（各3点，計9点）

① 私はここに小さな公園があったことを覚えています。

　　I (　　　　) (　　　　　) there was a small park here.

② 世界中の人々がその試合をテレビで見ました。

　　People all (　　　　) the world watched the game (　　　　　) TV.

③ 君は明かりを消さなかったね。

　　You didn't (　　　　) the light (　　　　　), did you?　　　　（神奈川・法政大第二高改）

4 日本文の意味を表すように，（　　）内の語句をならべかえて英文を完成しなさい。
　　　　　　　　　　　　　　　　　　　　　　　　　　　　　　　　（各4点，計16点）

① ボブは私の2倍の数のCDを持っています。

　　Bob (many / I / twice / have / CDs / as / has / as).　　　　（千葉日本大第一高）

_____

② 私たちは京都にある最も古いお寺のひとつを訪ねてみるつもりです。

　　We (Kyoto / the / of / temples / will / in / one / oldest / visit).　　　　（大阪・羽衣学園高）

_____

③ 京都に滞在中にできるだけ多くの寺を訪れようと思う。

　　I'll visit as (as / can / during / many / my / stay / temples / I) in Kyoto.
　　　　　　　　　　　　　　　　　　　　　　　　　　　　　　　　（大阪・大谷高）

_____

④ コンサートに間に合うように，私たちはタクシーに乗った。

　　We (for / a taxi / be / took / in / to / the concert / time).　　　　（東京・江戸川女子高）

_____

5 次の文を英語になおしなさい。　　　　　　　　　　　　　　　　（各5点，計10点）

① あなたは夏と冬のどちらの方が好きですか。

_____

② 駅に着いたら私に電話しなさい。

_____

6 次の会話を読んで，下の問いに答えなさい。　(栃木県改)(①各2点，②4点，③7点，計19点)

Ryo: Good morning, Jose! Today is the last day of this year!

Jose: Yes! Tomorrow will be New Year's Day. It is exciting.

Ryo: We will eat *osechi-ryori* tomorrow. My mother is making *osechi-ryori* (1) us.

Jose: *Osechi-ryori*? Is it special?

Ryo: Yes. It has many kinds of foods, and each food means something to bring us happiness. (2) example, we eat shrimp* to hope that we can live long. (3) the way, Jose, do you eat special food (4) New Year's Day in your country too?

Jose: Of course. We eat twelve grapes*.

Ryo: Why do you eat twelve grapes?

Jose: When New Year's Day comes, the bells ring twelve times in every square*. When the first bell rings, we eat one grape. Then when the second bell rings, we eat a second grape. We peel* it and take out the seeds* in a short time. It is (5). So, some people can't do it. But we try hard, because we believe we will become happy if we can <u>do so</u>.

Ryo: Is that so? That is like eating *osechi-ryori* in Japan.

Jose: I think so. People in both countries want to become happier. We eat different special foods, but we have the same thing in mind.

　(注) shrimp えび　grape ぶどう(1粒)　square 広場　peel 皮をむく　seed 種

① (1)～(4)の(　)に入る適当な前置詞を答えなさい。

　(1) (　　　　　)　(2) (　　　　　)　(3) (　　　　　)　(4) (　　　　　)

② (5)の(　)内に入る適当な語をア～エから1つ選び，記号を○でかこみなさい。

　ア easy　イ interesting　ウ useful　エ difficult

③ 下線部の do so が指す内容を，日本語で答えなさい。

7 ある学校で行われたアンケート調査の結果について，下の問いに答えなさい。

〔東京・国際高岡〕（各3点，計21点）

In a junior high school, students answered the question, "What are you most interested in?" The graph shows their answers. Music is the most popular among all the students. About the same percentage* of boys and girls say that they are interested in music. Sports is also a popular answer for boys, but it isn't for girls. They like the Internet (1)(   ) than sports. The same is true of TV and movies. They are popular among boys, but girls are not as interested in them (2)(   ) boys. The percentage of TV and movies is the lowest among girls. How about studying? The same percentage of boys and girls are interested in studying, but it is just about half the percentage of music.

（注）percentage 比率

〈What the students are most interested in〉

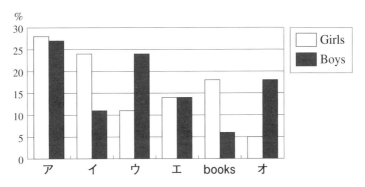

① (1)(2)の(   )内に適当な1語を入れなさい。

(1) (   )　(2) (   )

② 次の項目がどのグラフに当たるかを，記号で答えなさい。

(1) sports　　　(   )　(2) music　　　(   )

(3) studying　　(   )　(4) the Internet (   )

(5) TV and movies (   )

28 受動態の形

224 [過去形と過去分詞]

次の動詞の過去形と過去分詞を書きなさい。

① like　　（　　　　）（　　　　　）　② study　（　　　　）（　　　　）

③ speak　（　　　　）（　　　　　）　④ do　　（　　　　）（　　　　）

⑤ go　　（　　　　）（　　　　　）　⑥ come　（　　　　）（　　　　）

⑦ catch　（　　　　）（　　　　　）　⑧ build　（　　　　）（　　　　）

⑨ write　（　　　　）（　　　　　）　⑩ read　（　　　　）（　　　　）

> **ガイド** 動詞は「原形・過去形・過去分詞」をまとめて覚えること。
>
> ① 規則動詞（原則として -ed をつけて過去形をつくる動詞）→ 過去分詞も同じ形
>
> ② 不規則動詞（それぞれ異なる過去形を持つ動詞）→ 過去分詞も形が異なる
>
> | 原形 | 過去形 | 過去分詞 | |
> |---|---|---|---|
> | (A) make | **made** | **made** | (A) 過去形と過去分詞が同じ形 |
> | (B) come | **came** | **come** | (B) 原形と過去分詞が同じ形 |
> | (C) see | **saw** | **seen** | (C) すべて異なる形 |
> | (D) cut | **cut** | **cut** | (D) すべて同じ形 |

重要 225 [能動態と受動態]

各組の2文の表す内容がほぼ同じになるように，（　　　）内に適当な1語を入れなさい。

① Many people speak English.

English （　　　　）（　　　　　） by many people.

② Many people love dogs.

Dogs （　　　　）（　　　　　）（　　　　　） many people.

③ The English teachers use this room.

This room （　　　　）（　　　　　）（　　　　　） the English teachers.

> **ガイド** 「～する」の意味を表す文を能動態の文，「～される」の意味を表す文を受動態の文と言う。
>
> ［能動態］ Many people like soccer.　　　　　（多くの人がサッカーを好む。）
> 　　　　　　　S　　　V　　O　　　　　　　※能動態の文の目的語が受動態の文の主語
> 　　　　　　　　　　　　　　　　　　　　　　になる。
>
> ［受動態］ Soccer **is liked by** many people.　（サッカーは多くの人に好まれる。）
> 　　　　　be 動詞＋過去分詞＋ by ～（～によって…される）

226 〉[過去の受動態]

次の文を受動態の文にかえなさい。

① My father helped me.

_____

② Naomi cleaned this room.

_____

③ A popular writer wrote these novels.

_____

ガイド　be 動詞を過去形の was, were にすれば，「～された」という過去の意味を表せる。

227 〉[受動態の否定文]

日本文の意味を表すように，（　　）内に適当な1語を入れなさい。

① この本は子どもには読まれていません。

This book (　　　) (　　　) (　　　) by children.

② 私たちのクラスは山田先生に教わっているのではありません。

Our class (　　　) (　　　) by Ms. Yamada.

③ この宿題はトムがしたのではありませんでした。

This homework (　　　) (　　　) (　　　) Tom.

ガイド　受動態の否定文は，be 動詞の後ろに not を入れてつくる。isn't のように短縮形にもできる。

228 〉[受動態の疑問文]

日本文の意味を表すように，（　　）内の語句をならべかえなさい。

① この部屋はあなたのお父さんが使っていますか。

(your father / used / this room / by / is)?

_____

② この神社はたくさんの人々に訪問されますか。

(this shrine / many people / visited / is / by)?

_____

③ これらの絵はナナによって描かれたのですか。

(painted / these pictures / Nana / were / by)?

_____

ガイド　受動態の疑問文は，主語と be 動詞を入れかえてつくる。

語句　② shrine [ʃráin] 神社　③ paint [péint] (絵の具で)描く

最 高 水 準 問 題 ————————————————————— 解答 別冊 p.33

229 日本文の意味を表す正しい文の記号を○でかこみなさい。

その映画は若者に見られています。

ア The movie is watching by young people.

イ The movie watches by young people.

ウ The movie is watched by young people.

エ The movie has watching by young people.　　　　　　　(千葉・市川高)

230 （　　　）内に入る最も適当な語句をア〜エから選び，記号を○でかこみなさい。

① The movie was (　　　) by Mr. Kitayama last year.

　　ア make　　　イ makes　　　ウ made　　エ be made　　　　(神奈川県)

② Yesterday I lost my cap, but it (　　　) by someone this morning.

　　ア will find　　イ was found　　ウ finds　　エ found　　(兵庫・関西学院高等部)

231 各組の２文の表す内容がほぼ同じになるように，（　　　）内に適当な１語を入れなさい。

① Mr. Suzuki wrote this letter.

　　This letter (　　　　) (　　　　) by Mr. Suzuki.　　　　(兵庫・甲南高)

② Did your grandfather take the pictures?

　　(　　　　) the pictures (　　　　) by your grandfather?　　(神奈川・法政大第二高)

③ Who wrote this book?

　　Who was this book (　　　　) by?　　　　　　　　(東京・堀越高)

232 次の文を①は能動態の文に，②は受動態の文に書きかえなさい。

① Was he invited to the party by her?　　　　　　　　(神奈川・日本大高)

　　——————————————————————————————

🔺 ② Using cell phones sometimes causes traffic accidents.　　(高知学芸高)

　　——————————————————————————————

解答の方針

231 ③「この本はだれによって書かれましたか。」という意味の文にする。

232 ② もとの文の意味は「携帯電話を使うことはときどき交通事故を引き起こす。」cause [kɔ́ːz] 〜を引き起こす

233 (　　　)内の語句をならべかえて，英文を完成しなさい。

① A: I don't know this song.

　 B: Really?　It (sung / by / is / a famous singer).　　　　(宮崎県改)

_____

② A: (spoken / language / is / in / what) that country?

　 B: English.　　　　(青森県)

_____

③ A: Do you know that boy?

　 B: Yes.　His name is Daniel Jones.　He (by / Dan / called / his friends / is).

　　　　(島根県)

_____

④ A: Soccer is popular around the world.

　 B: That's right.　Soccer (played / many / is / by / plays) people around the world.［1語不要］　　　　(神奈川県)

_____

⑤ この写真は，お父さんが撮ったのですか。

　 (picture / by / was / your / took / taken / this) father?［1語不要］　　　　(東京・駒込高)

_____

⑥ この花は英語で何と呼ばれていますか。

　 (in / this / is / flower / what / English / called)?　　　　(獨協埼玉高)

_____

⑦ 去年は何本の映画が作られましたか。［1語不要］

　 (many / made / last / were / movies / much / how) year?　　　　(東京・共立女子第二高)

_____

234 次の文を英語になおしなさい。

日本では野球は多くの人々に楽しまれています。

_____

29 注意すべき受動態

235 [by ～のない受動態]

次の文を受動態の文にかえなさい。

① People eat rice in that country.

_____

② They sell used computers at that shop.

_____

③ We don't use this textbook in my school.

_____

④ They didn't steal the money from the bank.

_____

> **ガイド** 受動態の〈by ～〉は「だれがそうするか」を言う必要がある場合にだけ使う。
> ※ by people [us, them] などは省略するのがふつう。

語句 ① rice [ráis] 米 ② used [júːzd] 中古の ④ steal [stíːl] 盗む

236 [疑問詞で始まる受動態の疑問文]

下線部が答えの中心となる疑問文を書きなさい。

① This church was built 200 years ago.

_____

② This car was made in Germany.

_____

③ A new type of computer was invented by the scientist.

_____

> **ガイド** 疑問詞で始まる受動態の疑問文には，次の2つの形がある。
> **(A)疑問詞＋be動詞＋主語＋過去分詞 ...?**　（例）Where was this key found?
> **(B)疑問詞[＝主語]＋be動詞＋過去分詞 ...?**　（例）What was found in the room?
> when・where・why・how などは(A)の形，who・what・which などは(A)(B)の形で使う。

語句 ③ type [táip] 型，タイプ　invent [invént] 発明する　scientist [sáiəntəst] 科学者

237 [受動態の副詞の位置]

日本文の意味を表すように，（　　）内に入る正しい語句をア，イから選び，記号を○でかこみなさい。

① この近くではときどきのらネコが見られます。

Homeless cats (　　　　) near here.

ア　are sometimes seen　　　　　イ　sometimes are seen

② 私はよく友だちに訪問されます。

I am (　　　　) by my friends.

ア　visited often　　　　　イ　often visited

③ タカオはいつもお父さんに宿題を手伝ってもらいます。

Takao (　　　　) by his father with his homework.

ア　is always helped　　　　　イ　always is helped

> **ガイド** 次のような頻度を表す副詞は，be 動詞の後ろに置く。
>
> **sometimes**（ときどき）　　**often**（しばしば）　　**usually**（たいてい）
>
> **always**（いつも）　　**never**（決して～ない）

語句 ① homeless [hóumləs] 家のない

238 [by 以外の前置詞をとる受動態]

日本文の意味を表すように，（　　）内に適当な１語を入れなさい。ただし，１つの（　　）内には〈　　〉内の語を適当な形にかえて入れること。また，by は使わないものとします。

① 私たちはその地震のニュースに驚きました。〈surprise〉

We were (　　　　) (　　　　　) the news of the earthquake.

② 私は映画には興味がありません。〈interest〉

I'm not (　　　　) (　　　　) movies.

③ この机は木製です。〈make〉

This desk is (　　　　) (　　　　) wood.

④ 京都は多くの外国人観光客に知られています。〈know〉

Kyoto is (　　　　) (　　　　) many foreign tourists.

⑤ スタジアムはサッカーファンでいっぱいでした。〈fill〉

The stadium was (　　　　) (　　　　) soccer fans.

> **ガイド** 〈be 動詞＋過去分詞＋前置詞 ～〉がひとまとまりの表現になっている場合がある。
>
> **be covered with** ～（～でおおわれている）　　**be made of** ～（～でできている）

語句 ③ wood [wúd] 木材　④ foreign [fɔ́(ː)rən] 外国の　tourist [túərist] 観光客　⑤ fan ファン

最 高 水 準 問 題 ——————————————————— 解答 別冊 p.34

239 ( )内に入る最も適当な語句をア～エから選び，記号を○でかこみなさい。

① Many languages ( ) in Australia.

　ア is spoken　　イ is speaking　　ウ are spoken　　エ are speaking　　（栃木県）

② ( ) Ken and Jim invited to the party yesterday?

　ア Both　　　　イ Have　　　　ウ Were　　　　エ Did　　（千葉日本大第一高）

③ *Onigiri* is a Japanese traditional food. It is made ( ) rice.

　ア of　　　　　イ on　　　　　ウ for　　　　　エ in　　（茨城高）

④ The street is very crowded ( ) people on Sundays.

　ア for　　　　　イ in　　　　　ウ at　　　　　エ with　　（東京・中央大附高）

240 各組の２文の表す内容がほぼ同じになるように，( )内に適当な１語を入れなさい。

① They don't speak English in that country.

　English ( ) ( ) in that country.

② Someone broke these windows this morning.

　These windows ( ) ( ) this morning.　　（熊本・真和高）

③ The students always clean their classroom.

　The classroom ( ) ( ) cleaned by the students.　　（大阪・関西大倉高）

④ Is American history interesting to you?

　Are you ( ) ( ) American history?　　（高知学芸高）

⑤ My house is 40 years old.

　My house ( ) ( ) 40 years ago.　　（京都・洛南高）

⑥ What do they call this fruit in America?

　What ( ) this fruit ( ) in America?　　（東京・郁文館高）

難 ⑦ Can we get wine at that store?

　( ) wine ( ) at that store?　　（高知・土佐塾高）

解答の方針

239 ③ traditional [trədíʃənl] 伝統的な　④「～で混雑している」という意味にする。 crowded [kráudid] 混雑している

240 ③ always の位置に注意。　⑤ 上の文の意味は「私の家は40歳［築40年］です」。

　⑥ This fruit is called X. (このくだものは X と呼ばれる)の X をたずねる疑問文。

　⑦「あの店ではワインが～されていますか。」という疑問文をつくる。

241 ( )内の語句をならべかえて，英文を完成しなさい。

① A: Excuse me. Is (this / in Japan / made / watch)?

   B: Yes, it is. It's very popular among young people.　　　　　（愛媛県）

---

② A: Hey Tom, what is this?

   B: Oh, that (is / for / used / cleaning / thing) the windows.　　　　　（千葉県）

---

③ A (built / big / town / was / shopping center / in / our) last year.

（広島・比治山女子高）

---

④ A: How many (seen / are / saw / from / houses / that / is) place? ［2語不要］

   B: About twenty.　　　　　（神奈川・鎌倉高）

---

⑤ あの山の頂上は，雪でおおわれています。

The (snow / is / with / by / of / covered / mountain / top / that). ［1語不要］

（東京・駒込高）

---

242 日本文の意味を表すように，( )内に適当な1語を入れなさい。

① かごの中はボールでいっぱいです。

The basket ( ) ( ) with balls.　　　　　（広島・近畿大附東広島高）

② 生徒たちはそのニュースに驚いた。

The students ( ) ( ) ( ) the news.　　　　　（獨協埼玉高）

---

243 次の文を受動態の文に書きかえなさい。

Everyone knows the song.　　　　　（兵庫・芦屋学園高）

解答の方針

241 ① be popular among [əmʌ́ŋ] 〜 〜の間で人気がある　③ shopping center ショッピングセンター

242 ② 「驚く」は〈be 動詞 + surprised〉で表す。

243 前置詞は by ではない。

30 現在完了の形

244 〉[have [has] ＋過去分詞]

日本文の意味を表すように，〈　　〉内の動詞を〈have [has] ＋過去分詞〉の形にして書きなさい。

① 私は宿題をしました。

I ＿＿＿＿＿＿＿＿＿＿＿＿＿ my homework.〈do〉

② 彼女はレストランに財布を置き忘れた。

She ＿＿＿＿＿＿＿＿＿＿＿＿ her purse in the restaurant.〈leave〉

③ 私は 1 週間かぜをひいています。

I ＿＿＿＿＿＿＿＿＿＿＿＿＿ a cold for a week.〈have〉

④ 彼女は私の父に会ったことがある。

She ＿＿＿＿＿＿＿＿＿＿＿＿ my father.〈see〉

> **ガイド** 〈have [has] ＋過去分詞〉の形を「現在完了」と言う。
> This letter **is written** in English. 〈受動態＝ be 動詞＋過去分詞〉
> He **has written** a letter. 〈現在完了＝ have [has] ＋過去分詞〉

語句 ② purse [pə́ːrs] 財布　leave 置き忘れる　③ have a cold かぜをひいている

重要 245 [現在完了の意味]

①～③の現在完了の使い方に近いものをア～ウから1つずつ選び，（　　）内に記号を書きなさい。

① I have finished my work, so I can play. （　　）

② I have traveled to Britain once. （　　）

③ He has lived in Japan for three years. （　　）

> ア She has met my father before.
> イ I have been sick since last week.
> ウ I have already had lunch.

> **ガイド** 現在完了には，次のような使い方がある。
> (A)「(今)～したところだ」「～してしまった」〈完了[結果]〉
> (B)「(今までに)～したことがある」〈経験〉
> (C)「(今までずっと)～してきている」〈継続〉
> 現在完了は「過去とつながった現在」を表す。
> (a) I **lived** in Osaka.（過去形＝「大阪に住んでいた」）(単なる過去の事実)
> (b) I **have lived** in Osaka.（現在完了形＝「大阪に(前からずっと)住んでいる」）

246 〉[現在完了の否定文]

日本文の意味を表すように，（　　）内に適当な1語を入れなさい。

① 私はまだ部屋をそうじしていません。

I (　　　　　) (　　　　　) (　　　　　　　) my room yet.

② タクシーはまだ来ていません。

The taxi (　　　　　) (　　　　　) (　　　　　) yet.

③ 私はクジラを見たことが一度もありません。

I (　　　　　) (　　　　　) (　　　　　　) a whale.

④ 私たちは12時間何も食べていません。

We (　　　　　) (　　　　　　) anything for twelve hours.

> **ガイド** 現在完了の否定文は，have[has] の後ろに not をつける。短縮形は haven't[hasn't]。
> ・**haven't [hasn't]** ＋過去分詞　　「（まだ）〜していない」〈完了〉
> 　　　　　　　　　　　　　　　　「（ずっと）〜していない」〈継続〉
> ・**have [has] + never** ＋過去分詞　「一度も〜したことがない」〈経験〉

語句　① yet [jét] まだ（〜ない）　② taxi [tǽksi] タクシー　③ whale [hwéil] クジラ

247 〉[現在完了の疑問文]

日本文の意味を表すように，（　　）内から適当な語句を選び，記号を○でかこみなさい。

① おふろに入りましたか。—はい。

（ ア Have you　イ Do you have ）taken a bath? — Yes, I (ア do　イ have).

② 彼のお兄さんに会ったことがありますか。—いいえ。

（ ア Did you　イ Have you ）ever met his brother?

— No, I (ア didn't　イ haven't).

③ 荷物はもう届きましたか。—はい。

（ ア Have　イ Has ）the parcel arrived? — Yes, it (ア has　イ is).

④ 今までどこにいたのですか。—図書館です。

Where (ア you have　イ have you) been? — I've been at the library.

⑤ だれが窓ガラスを割ったのですか。—僕たちです。

Who (ア have　イ has) broken the window? — We (ア have　イ has).

> **ガイド** 現在完了の疑問文は，主語と have [has] を入れかえる。答えるときは have [has] を使う。
> **Has he** come?（彼は来ていますか。）— Yes, he **has**. / No, he **hasn't**.
> ただし，who・what・which が主語になる疑問文のときは，その後ろに〈has ＋過去分詞〉を置く（これらの疑問詞は単数と考える）。
> **What has** [× have] **happened**?（何が起きた[起きている]のですか。）

語句　② ever [évər] 今までに　③ parcel [páːrsl] 荷物，小包

最 高 水 準 問 題 ———————————————————————— 解答 別冊 p.35

248 ( )内に入る最も適当な語句をア〜エから選び，記号を◯でかこみなさい。

① My father has ( ) in Hokkaido since last week.

　　ア be 　　　　イ been 　　　ウ being 　　　エ were 　　　　　（神奈川県）

② I ( ) to the park three days ago.

　　ア have been 　イ go 　　　　ウ have gone 　エ went 　　　　（東京・駒込高）

③ My father has just ( ) home.

　　ア come 　　　イ comes 　　　ウ came 　　　　エ coming 　　（奈良・天理高）

④ A: You look sad, don't you?

　　B: Yes, I ( ) him for a long time.

　　ア haven't seen 　　　　　　イ wasn't seen

　　ウ see 　　　　　　　　　　エ don't see 　　　　　　　（高知学芸高改）

⑤ Your father has been to New York, ( )?

　　ア does he 　　イ doesn't he 　　ウ was he

　　エ did he 　　オ hasn't he 　　　　　　　（埼玉・東京農業大第三高）

249 ( )内に適当な1語を入れ，対話を完成しなさい。文字が与えられているときは，その文字で始めなさい。

① Tom: Do you know that girl walking over there?

　　Aya: Yes, she is Kayo. We have been friends ( ) we were children.

　　　　　　　　　　　　　　　　　　　　　　　　　　　　　（鳥取県）

② Ron: Hi, Uncle Jim. It's me, Ron.

　　Ron's uncle: Oh, hi, Ron. I ( ) seen you for a long time. How are you?

　　　　　　　　　　　　　　　　　　　　　　　　　　　　　（山形県）

③ A: I'm hungry. Have you had lunch yet?

　　B: Yes, I've already (f) it. I ate two hamburgers. 　　（島根県）

難 ④ A: Do you think we can play tennis this afternoon?

　　B: No, I don't think so. It has not (s) raining outside. 　（東京・国立工業高専）

難 ⑤ A: I am going to see the movie *Peter Pan* this weekend. ( ) go together!

　　B: No, thanks. I ( ) already ( ) that movie twice.

　　　　　　　　　　　　　　　　　　　　　　　　　　（兵庫・関西学院高等部改）

解答の方針

248 ②「3日前」は過去の一時点。 ③ just たった今 ⑤ 付加疑問文のルールに従う。

249 ① over there 向こうで[の] ⑤ 相手の誘いを断っている理由を考える。

250 ( )内の語を適当な形にかえて，____に書きなさい。ただし1語とは限りません。

① She and I are good friends.　I (know) her since we were five years old.

（群馬・前橋育英高）

_____

② She (have) a cold since last Wednesday.

（広島・崇徳高改）

_____

251 ( )内の語をならべかえて，英文を完成しなさい。

① I (cat / have / since / a / had) last year, and I like it very much.　（秋田県）

_____

② 私たちは8年前からの親友です。［1語不足］

(friends / eight / have / we / years / for / good).　（京都・洛南高）

_____

③ 姉は先月からずっと病気で入院しています。

My sister (in / has / hospital / since / ill / been / the / last) month.

（東京・実践学園高）

_____

④ 久しぶりですね。

(seen / for / a / you / long / haven't / I / time).　（東京・実践学園高）

_____

252 次の文を( )内の指示に従って書きかえなさい。

She has stayed in Japan <u>for three years and a half</u>.

（下線部が答えの中心となる疑問文に）　（神奈川・日本大高）

_____

253 次の2文の表す内容がほぼ同じになるように，下の文を完成しなさい。

Ms. Quyen began teaching Chinese ten years ago.　（福岡・久留米大附設高）

Ms. Quyen has _____.

解答の方針

250 ② have a cold かぜをひいている

251 ④「長い間会っていなかった」と表現する。

31 現在完了の意味

重要 **254** [「完了」を表す現在完了]

日本文の意味を表すように，（　　　）内から最も適当な語を選び，記号を○でかこみなさい。

① 私はたった今この手紙を受け取ったところです。

I have (ア already　イ yet　ウ just) received this letter.

② 私はもうこのマンガを読みました。

I have (ア already　イ yet　ウ just) read this comic.

③ 私たちのバスはまだ到着していません。

Our bus hasn't arrived (ア already　イ yet　ウ just).

④ レポートはもう書きましたか。

Have you written the report (ア already　イ yet　ウ just)?

> **ガイド**　[肯定文] **have [has] ＋ just ＋過去分詞**　　　　「たった今～したところだ」
> 　　　　　[肯定文] **have [has] ＋ already ＋過去分詞**　　「すでに～してしまった」
> 　　　　　[否定文] **have [has] not ＋過去分詞 ... yet**　　「まだ～していない」
> 　　　　　[疑問文] **Have [Has] ＋主語＋過去分詞 ... yet?** 「もう～しましたか。」

255 [「結果」を表す現在完了]

各組の2文の表す内容がほぼ同じになるように，（　　）内に適当な1語を入れなさい。

① Spring came, and it is spring now.

Spring (　　　　　) (　　　　　).

② I did my homework. I can play now.

I (　　　　　) (　　　　　) my homework.

③ My uncle went to Canada. He is not here now.

My uncle (　　　　　) (　　　　　) to Canada.

> **ガイド**　現在完了は，「過去に起きたできごとの結果が今でも残っている」ことを意味する。
> 　　(a) He **lost** his job. 〈過去形〉　　(b) He **has lost** his job. 〈現在完了形〉
> 　　(a)は（過去のある時点で）「仕事を失った」というだけで，現在の彼の状態については語っていない。一方(b)は「仕事を失った」というできごとの結果が今も続いている，つまり「仕事をなくして，今も失業中だ」という意味を表す。

31 現在完了の意味 ─── 119

次の文を日本語になおしなさい。

① I have read this book three times.

_____

② Have you ever eaten raw meat?

_____

③ I have never seen this film before.

_____

④ How many times have you been to Kyoto?

_____

> ガイド 〈経験〉を表す現在完了でよく使う語句・表現には，次のようなものがある。
>   **once**（1回），**twice**（2回），**three times**（3回），**before**（以前）
>   **Have you (ever) ＋過去分詞？**「(今までに)〜したことがありますか。」
>   **How many times have you ＋過去分詞？**「今までに何回〜したことがありますか。」
>   **have [has] never ＋過去分詞**「一度も〜したことがない」
>   **have been to 〜**「〜へ行ったことがある」
>   ※ have gone to 〜は「〜へ行ってしまった(今ここにはいない)」〈完了〉の意味。

【語句】 ② raw [rɔ́ː] 生の　meat [míːt] 肉　③ film [fílm] 映画

【重要】 257 〉[「継続」を表す現在完了]

日本文の意味を表すように，（　　）内に適当な1語を入れなさい。

① 私は1週間ずっと病気です。

  I (　　　　) (　　　　) sick (　　　　) a week.

② 彼女はけさからずっと忙しい。

  She (　　　　) (　　　　) busy (　　　　) this morning.

③ 彼にはここ3か月会っていません。

  I (　　　　) (　　　　) him (　　　　) three months.

④ あなたはどのくらい日本に住んでいますか。

  How long (　　　　) (　　　　) (　　　　) in Japan?

> ガイド 〈継続〉を表す現在完了は，次のような形で使うことが多い。
>   **have [has] ＋過去分詞 for 〜**　　「〜の間ずっと…しているところだ」
>   **have [has] ＋過去分詞 since 〜**　　「〜以来ずっと…しているところだ」
>   **haven't [hasn't] ＋過去分詞 for 〜**　「〜の間ずっと…していない」
>   **haven't [hasn't] ＋過去分詞 since 〜**「〜以来ずっと…していない」

最高水準問題 ——————————————————— 解答 別冊 p.36

258 （　）内に入る最も適当な語句をア〜エから選び，記号を○でかこみなさい。

① A: How long have you been in Iwate?

　B: I have been here (　　　) I was born.

　ア since　　　イ for　　　　ウ from　　　エ as　　　　　　　　（岩手県）

② A: How long have you lived in Hiratsuka?

　B: (　　　). I like this town.

　ア Before three years　　　イ Three years ago

　ウ Since three years　　　エ For three years　　　　　（神奈川・平塚江南高）

③ Has your sister ever (　　　) to Canada?

　ア been　　　イ stayed　　　ウ lived　　　エ visited　　　（栃木県）

259 各組の２文の表す内容がほぼ同じになるように，（　　）内に適当な１語を入れなさい。文字が
与えられているときは，その文字で始めること。

① Mary got sick two weeks ago. She is still in bed.

　Mary (　　　　) (　　　　　) sick in bed for two weeks.　　　（熊本・真和高）

② He lost his watch. He can't find it anywhere.

　He (　　　　) (　　　　　) his watch.　　　（東京・郁文館高）

③ We have had no rain for two weeks.

　(　　　　) (　　　　　) rained for two weeks.　　　（高知学芸高）

④ Our mother has not written to us for a long time.

　We have not (　　　　) (　　　　　) our mother for a long time.

　　　　　　　　　　　　　　　　　　　　　　　　　　（神奈川・法政大第二高）

⑤ He has lived in this town for ten years.

　He began to live in this town ten years (　　　　　).　　　（北海道・函館ラ・サール高）

⑥ Tom started eating dinner, and he is still eating.

　Tom (　　　　) (f　　　　) his dinner yet.　　　（神奈川・湘南高）

解答の方針

258 ③ （　）の後ろの to と結びつくものを考える。

259 ① get sick 病気になる　② not 〜 anywhere どこに[で]も〜ない　④「母から便りがない」という
　　文をつくる。　⑥ still [stíl] 今でもなお

260 ( )内に適当な1語を入れ，英文を完成しなさい。

① 彼はまだその手紙を受け取っていない。

He ( ) received the letter ( ). 〈東京・駒込高〉

② アキラはアメリカに行ってしまった。

Akira ( ) ( ) ( ) America. 〈獨協埼玉高〉

③ 彼はこれまでにデンマークに行ったことは一度もない。

He ( ) ( ) ( ) to Denmark before. 〈茨城高〉

🔺④ A: Ms. Green, ( ) ( ) ( ) you taught in Japan?

B: Well, I came to Japan in 1995 and I started to teach two years later.

〈広島大附高〉

261 日本文の意味を表すように，( )内の語をならべかえなさい。

① あなたは何度日光に行ったことがありますか。

(have / many / you / Nikko / how / to / times / been)? 〈東京・郁文館高〉

_____

262 次の場合，英語で何と言いますか。2語以上の英語を入れて英文を完成しなさい。

（相手に今までにカナダへ行ったことがあるかどうか聞くとき）

_____ Canada? 〈富山県〉

263 次の文を英語になおしなさい。（②は下線部のみ）

① 彼女は先週の木曜日からずっと病気です。 〈神奈川・法政大第二高〉

_____

② ごめん，遅れちゃった。あれ，まだ部屋(the room)のそうじ終わってないじゃない。
もう部活が始まる時間でしょう。 〈長崎・青雲高〉

_____

③ 彼がアメリカに行ってからまだ何の便りもない。 〈佐賀・弘学館高〉

_____

解答の方針

260 ③ Denmark [dénmɑːrk] デンマーク　④ 何をたずねようとしているのかを考える。

263 ② 主語は you。「そうじをする」は clean。　③「行ってから」＝「行って以来」

32 現在完了進行形

重要 264 ⟩ [have [has] + been + ～ing]

[　]内の動詞を使って(　　)内に適当な語を入れ，英文を完成しなさい。

① 私は朝からずっと部屋をそうじしています。[clean]

I have (　　　　　) (　　　　　　) my room since morning.

② 彼らは2時間ずっとテニスをしています。[play]

They have (　　　　　) (　　　　　　) tennis for two hours.

③ 父は先週からずっと大阪で仕事をしています。[work]

My father (　　　　) (　　　　) (　　　　　) in Osaka since last week.

④ 3日間ずっと雨が降っています。[rain]

It (　　　　) (　　　　) (　　　　　) for three days.

> **ガイド** S + have [has] + been +～ing + since ...　Sは…以来(今まで)ずっと～している
> S + have [has] + been +～ing + for ...　Sは…の間(今まで)ずっと～している
> ※現在完了形(have [has] + 過去分詞)と進行形(be 動詞 + ～ing)を組み合わせると，下線部が been(be 動詞の過去分詞)になる。この形を，現在完了進行形と言う。

265 ⟩ [さまざまな形]

(　　)内から適当な語句を1つ選び，記号を○でかこみなさい。

① 私は子どものころから彼女を知っています。

I have (ア known　イ been knowing) her since we were children.

②「朝からずっと勉強しているのですか。」「はい。」

"(ア Have you been　イ Have been you) studying since morning?"

"Yes, I (ア am　イ have)."

③「あなたはここでどのくらい長く働いていますか。」「3年です。」

"How long (ア you have　イ have you) been working here?"

"(ア For　イ Since) three years."

> **ガイド** 状態を表す動詞(be 動詞，have「持っている」，know など)は進行形にできない。これらは現在完了進行形にもできないので，「(以前から)ずっと～の状態だ。」の意味は現在完了形で表す。また現在完了進行形の疑問文は，have [has] を主語の前に置いて作る。答えるときは have [has] を使う。

最 高 水 準 問 題

266 ( ) 内に入る最も適当な語句をア〜エから選び, 記号を○でかこみなさい。

① My sister ( ) working at the shop for six months.

ア is イ has ウ is been エ has been

② We ( ) each other since we met in senior high school ten years ago.

ア were knowing イ have been knowing

ウ have known エ were known 〔茨城・江戸川学園取手高〕

③ "How many years ( ) practicing the piano?" "For five years."

ア you have イ have you ウ have you been エ have been you

267 ( ) 内の指示に従って全文を書きかえなさい。

① I have been feeling well since morning. （否定文に）

_____

② It has been snowing since morning. （疑問文に）

_____

③ They have been playing tennis for two hours. （下線部をたずねる疑問文に）

_____

268 次の文を英語になおしなさい。

① 彼女は2時間ずっと自分の部屋をそうじしています。

_____

難 ② その赤ちゃんはどのくらい前から眠っていますか。

_____

解答の方針

266 ② senior high school 高校 ③ practice 練習する

267 ① feel well 気分がいい

33 some, any, one

269 〉[some, any, no の用法]
(　　　)内から適当な語を選び，記号を○でかこみなさい。また，完成した文を日本語になおしなさい。

① There is (ア some　イ any) milk in the bottle.

_____

② I didn't borrow (ア some　イ any) books from the library.

_____

③ Do you have (ア some　イ any) questions?

_____

④ I had (ア no　イ any) money, so I couldn't buy the book.

_____

> ガイド　**some** ＋名詞 「いくつか[いくらか]の〜」〈肯定文で使う〉
> 　　　**any** ＋名詞　「いくつか[いくらか]の〜」〈疑問文で使う〉
> 　　　**not** ＋ **any** ＋名詞＝ **no** ＋名詞 「ひとつも[少しも]〜ない」（否定文）

重要 270 〉[one, other, another の用法]
日本文の意味を表すように，(　　　)内から適当な語句を選び，記号を○でかこみなさい。
① 時計をなくしたので，買わなければならない。
　 I lost my watch, so I'll buy (ア it　イ one).
② このシャツは気に入りません。別のを見せてください。
　 I don't like this shirt. Show me (ア other　イ another).
③ そのふたごの1人は男の子で，もう1人は女の子です。
　 One of the twins is a boy, and (ア the other　イ another) is a girl.
④ 私たちはおたがいに助け合うべきです。
　 We should help each (ア other　イ another).

> ガイド　**one** → 何を指すのかがわかっている不特定の名詞の代わりに使う。
> 　　　Show me that blue **one**. (あの青いのを見せてください。)
> 　　　**another** 「もう1つ[別]の(もの)」　　**the other** 「(2つのうちの)残りの一方の(もの)」
> 　　　**each other** 「おたがい」

最 高 水 準 問 題 ——————————————————————————— 解答 別冊 p.37

271 （　　）内に最も適切な語をア～エから１つ選んで，記号を○でかこみなさい。

① Would you like (　　　　) coffee?

　ア few　　　　イ some　　　　ウ little　　　　エ no　　　　（京都・立命館高）

② My TV set is very old. I'm going to buy a new (　　　　).

　ア this　　　　イ that　　　　ウ one　　　　エ it　　　　（國學院大栃木高）

272 （　　）内に適当な１語を入れ，英文を完成しなさい。

① I have two cats. One is black and the (　　　　) is white.　　　　（高知学芸高）

② Cindy: Shun, let's go and watch a movie. Are you free today?

　Shun: Sorry, I can't go. Shall we go (　　　　) day? How about next Sunday?

　　　　（山形県）

難 ③ A: Did (　　　　) go to school with you yesterday?

　B: Yes. My brother Tom did.　　　　（高知学芸高）

273 各組の２文の表す内容がほぼ同じになるように，（　　）内に適当な１語を入れなさい。

① We will have nothing to eat soon.

　We (　　　　) have any (　　　　) soon.　　　　（東京・早稲田実業高）

難 ② Tom doesn't like me. I don't like him, either.

　Tom and I don't like (　　　　) (　　　　).　　　　（兵庫・関西学院高等部）

274 （　　）内の語句をならべかえて，英文を完成しなさい。

① 私は今，１本も鉛筆を持っていない。

　I (have / do / any / not) pencils now.　　　　（沖縄県）

_____

② A: Which bag is yours?

　B: It (the chair / one / is / the black / on).　　　　（青森県）

_____

解答の方針

271 ② TV set テレビ（の受像機）

272 ②「別の日はどう？」と提案している。　③「きのうだれかがあなたといっしょに学校に行きましたか。」
　という文をつくる。

273 ② not ～ either　～もまた…ない

34 数量の表し方

（解答）別冊 p.38

標 準 問 題

275 〉[many と much]

日本文の意味を表すように，（　　）内から適当な語を選び，記号を○でかこみなさい。

① たくさんの子どもたちがお祭りに来ました。

(ア Many　イ Much) children came to the festival.

② 私は今あまりお金を持っていません。

I don't have (ア many　イ much) money now.

③ 何人の人々がバスに乗っていましたか。

How (ア many　イ much) people were there in the bus?

④ スーパーで食べ物をどれくらい買いましょうか。

How (ア many　イ much) food shall we get at the supermarket?

ガイド　**many** ＋数えられる名詞（複数形）「たくさんの数の〜」
much ＋数えられない名詞（単数形）「たくさんの量の〜」　※ not + much は「あまり多くない」。

重要　276 〉[few と little]

（　　）内から適当な語句を選び，記号を○でかこみなさい。また，完成した文を日本語になおしなさい。

① I have (ア a little　イ a few) money now.

_____

② There are (ア a little　イ a few) boys in the river.

_____

③ Let's hurry. There is (ア little　イ a little) time.

_____

④ (ア Few　イ Little) students could answer the question.

_____

ガイド　little と few は次のように使い分ける。

	少しある[いる]	ほとんどない[いない]
＋数えられる名詞　（複数形）	a few students	few students
＋数えられない名詞（単数形）	a little money	little money

277 〉[a lot of など]

次の文を日本語になおしなさい。

① I spent a lot of money during the trip.

_____

② Lots of people lost their houses in the flood.

_____

③ There is a large number of books in this library.

_____

④ The factory uses a large amount of water.

_____

ガイド 「たくさんの〜」の意味を表す語句は，次のように使い分ける。

	many a large [great] number of	※両方に使えるもの a lot of
+数えられる名詞 （複数形）	many a large [great] number of	a lot of
+数えられない名詞（単数形）	much a large [great] amount of	lots of plenty of

語句 ① spent：spend（費やす）の過去形　② flood [flʌd] 洪水　④ factory [fæktəri] 工場

278 〉[a piece of 〜など]

日本文の意味を表すように，右のワク内から適当な語を１つずつ選び，（　　）内に入れなさい。

① １杯のお茶　　　a (　　　　　　) of tea

② １杯の水　　　　a (　　　　　　) of water

③ １切れのケーキ　a (　　　　　　) of cake

④ １足の靴　　　　a (　　　　　　) of shoes

glass / cup
pair / piece

ガイド (A)一定の形を持たない物質(液体など)は，容器(cup など)を数える。
(B)かたまりを切り分けたものは，**a piece of**(１切れの〜)で数える。
(C)２つの部分がペアになっているものは，**a pair of**(１対の〜)で数える。

279 〉[two pieces of 〜など]

正しい英訳の記号を○でかこみなさい。

① ３杯のコーヒー　　　ア three cup of coffee　　　イ three cups of coffee

② 10枚の紙　　　　　　ア ten sheet of papers　　　イ ten sheets of paper

③ ２つのめがね　　　　ア two pair of glasses　　　イ two pairs of glasses

ガイド 上記①②のタイプの名詞は数えられない（複数形にできない）ので，cup や sheet の方を複数形にする。③は pair とその名詞の両方が複数形になる。

最 高 水 準 問 題 ──────────────────────────── 解答 別冊 p.39

280 （　　）内に入る最も適当な語句をア～エから選び，記号を○でかこみなさい。

① How (　　) classes do you have today?

　　ア old　　　　イ long　　　　ウ many　　　　エ much　　　　　　　(沖縄県)

② We had (　　) snow last winter.

　　ア not　　　　イ no　　　　ウ few　　　　エ many　　　　(東京・駒込高改)

③ The book was very difficult, but (　　) students could understand it.

　　ア few　　　　イ a few　　　　ウ little　　　　エ a little　　　(東京・明治大付中野高)

④ There (　　) in the bottle.

　　ア is much wine　　　　　　イ are much wine

　　ウ are many wine　　　　　　エ is many wine　　　　　　(新潟・高田高)

⑤ My sister ate two (　　) of cake for lunch.

　　ア glass　　　　イ numbers　　　　ウ pieces　　　　エ cup　　　(京都・立命館高)

281 日本文の意味を表すように，（　　）内に適当な1語を入れなさい。

① 公園に木が何本ありますか。

　　How (　　　　) trees are there in the park?　　　　　　(高知学芸高)

② ここでは冬，どのくらい雪が降りますか。

　　How (　　　　) snow do you have here in winter?　　　　(高知学芸高)

③ 2，3分でそこに着くでしょう。

　　I'll get there in a (　　　　) minutes.　　　　　　(高知学芸高)

④ 水が1杯ほしい。

　　I want a (　　　　) of water.　　　　　　(高知学芸高)

⑤ 紙を何枚かください。

　　Please give me some (　　　　) of paper.　　　　　(高知学芸高)

⑥ コップには水がほとんどない。

　　There (　　　　) (　　　　) (　　　　) in the cup.　　　(獨協埼玉高)

解答の方針

280 後ろの名詞が単数形か複数形かによって，much / many や little / few を使い分ける。

281 ④ コーヒーやお茶などあたたかい飲み物を入れるのは cup(カップ)，水やジュースなど冷たい飲み物を入れるのは glass(コップ，グラス)。

282 (　　　　) 内の語をならべかえて，英文を完成しなさい。

① A: Are (a / across / there / of / lot) birds in Minami Park? ［1語不要］

　　B: Yes, you can see many birds there.　　　　　　　　　　　　　　（神奈川県）

_____

② 2週間以上ほとんど雨が降っていない。

　　We (rain / for / more / have / had) than two weeks. ［1語不足］　　（東京・城北高）

_____

難　283 次の会話において，下線部に示されていることを伝える場合，どのように言えばよいかを英語
　　　　で書きなさい。

Tom: Hi, Yoko.　①聞きたいことがあるんだけど。

Yoko: Yes.　What is it?

Tom: I often hear the name Sakamoto Ryoma.　I want to know about him.
　　　What should I do?　②教科書にはあまり載っていないんだ。

Yoko: Then, why don't you use the Internet?　　　　　　　　　　　（静岡県）

①　_____

②　_____

難　284 下線部のどこかに連続する2語を加えて，次の対話を完成しなさい。

A: Where is Mr. Johnson?

B: He has just gone to the next room.　But he'll be back few minutes.

　　　　　　　　　　　　　　　　　　　　　　　　　　　（東京・早稲田実業高）

_____

285 次の文を英語になおしなさい。

① 昨年の夏は雨が少なく，とても暑かった。　　　　　　　　　　（佐賀・弘学館高）

_____

難　② 私は旅行中に大金をなくした。　（large を使って）

_____

解答の方針

282 ② 「ほとんどない」という意味の語を加える。

283 ① 「聞く」は「たずねる」と考えて ask を使う。　② 「教科書」は textbook。

285 ② 「旅行の間に」と考えて during を使う。large money とは言えない。

35 enough, too と副詞

標 準 問 題 ──────────────── 解答 別冊 p.39

286 **[副詞の働きと位置]**

〈　　　〉内の語句を文中に加える場合の適当な位置を，ア～ウから選んで記号を○でかこみ，完成した文を日本語になおしなさい。

① I don't ァknow ィthe man ゥ. 〈very well〉

(訳) _____

② Tom ァis ィlate ゥfor school. 〈often〉

(訳) _____

③ I ァget ィe-mails ゥfrom my cousin. 〈sometimes〉

(訳) _____

④ I ァlike ィtaking a walk ゥin the morning. 〈early〉

(訳) _____

> **ガイド** 副詞は，名詞以外の要素を修飾する。
>
> ※ very（副詞）が slowly（副詞）を修飾する。
>
> He speaks very slowly.（彼はとてもゆっくり話します。）
>
> ※ very slowly（副詞）が speaks（動詞）を修飾する。
>
> 副詞の位置：**(A)**形容詞・副詞の前　**(B)**動詞（＋目的語）の後ろ
>
> 　　　　　　**(C)**[**always** などの頻度を表す副詞] 一般動詞の前・be 動詞や助動詞の後ろ

重要 287 **[enough, too]**

（　　）内に適当な1語を入れて，英文を完成しなさい。

① 私は新しい辞書を買うのに十分なお金を持っています。

I have (　　　　) money (　　　　) (　　　　) a new dictionary.

② この部屋は私たちにとって十分な広さです。

This room is (　　　　) (　　　　) for us.

③ 暑すぎて勉強できません。

It's (　　　　) hot (　　　　) (　　　　).

> **ガイド** 形容詞[副詞]＋ **enough** ＋不定詞[**for** ＋名詞]「～（するの）に十分…」
>
> 　　※名詞のときは enough を前に置いてもよい。
>
> 　　**too** ＋形容詞[副詞]＋不定詞[**for** ＋名詞]「～（する）には…すぎる」

最 高 水 準 問 題 ——————————————————————————— 解答 別冊 p.39

288 各組の2文の表す内容がほぼ同じになるように，（　　）内に適当な1語を入れなさい。

① My sister is a good pianist.

My sister can (　　　　) the piano (　　　　).　　　　　　　　　　（高知学芸高）

② My mother is a careful driver.

My mother (　　　　) (　　　　).　　　　　　　　　　　　　　　（獨協埼玉高）

③ Yoko is a very good cook.

Yoko cooks (　　　　) (　　　　).　　　　　　　　　　　　　　（獨協埼玉高）

④ Yesterday I was very busy. So I couldn't go out.

Yesterday I was (　　　　) busy to go out.　　　　　　　　（東京・実践学園高）

⑤ Jack is not old enough to travel alone.

Jack is (　　　　) (　　　　) to travel alone.　　　　　　　（東京・成城高）

難 ⑥ He was very kind. He taught me how to play the guitar.

He was kind (　　　　) (　　　　) teach me how to play the guitar.

（東京・郁文館高 改）

289 日本文の意味を表すように，（　　　）内の語句をならべかえなさい。

① 私は宿題を終えるのに十分な時間があった。

(enough / I / my / had / finish / time / to / homework).　　　（獨協埼玉高）

_____

② これら2つの机は重すぎて運べません。

(carry / too / desks / heavy / two / to / these / are).　　（埼玉・東京農業大第三高）

_____

290 次の文を英語になおしなさい。

その問題は難しすぎて答えられなかった。（too を用いて）　　（北海道・函館ラ・サール高 改）

_____

解答の方針

288 ②「注意深い運転者だ」→「注意深く運転する」　③ 上の文の cook は「料理をする人」の意味。
　　 ⑤ alone [əlóun] ひとりで　⑥ how to play the guitar ギターのひき方
289 ①「十分な時間」は enough time。　②「これら2つの机」は these two desks。

---

1 ( ) 内に入る最も適当な語句をア～エから選び，記号を○でかこみなさい。 （各 2 点，計 8 点）

① We have two daughters. One lives with us, and ( ) lives in Osaka.
　ア each other 　　イ other 　　　　ウ the other 　　　エ any other 　（東京・国学院高）

② There are nine members in my badminton club. Three of us are very good but ( ) are so-so.
　ア other 　　　　イ the other 　　ウ others 　　　　エ the others 　（東京・中央大附高）

③ An apartment is going to ( ) in front of my house next year.
　ア build 　　　　イ building 　　ウ be building 　エ be built 　（東京・国学院高）

④ Our teeth must ( ) clean.
　ア keep 　　　　イ be keeping 　ウ keep to 　　　エ be kept 　（岡山白陵高）

---

2 ( ) 内に適当な 1 語を入れて，英文を完成しなさい。 （各 2 点，計 4 点）

① メアリーはとても忙しかったので，花の世話ができなかった。

　Mary was ( ) busy ( ) take care of the flowers. 　（福岡・西南学院高）

② テントで寝たことがありますか。

　( ) you ever ( ) in a tent? 　（京都女子高）

---

3 下線部が誤っているものをア～エから 1 つ選び，記号を○でかこみなさい。 （各 2 点，計 12 点）

① ア<u>People often say that</u> イ<u>an only child</u> can't think about ウ<u>another people</u> because he or she エ<u>is raised with</u> too much care. 　（東京・城北高）

② I ア<u>like cooking</u> but I イ<u>don't interest</u> ウ<u>in Indian food</u> エ<u>because</u> it is so spicy.
　（奈良・帝塚山高）

③ My mother always ア<u>enjoys</u> her tea with イ<u>lemon</u> and ウ<u>a few</u> sugar for エ<u>breakfast</u>. 　（埼玉・城西大付川越高）

④ That new-model microwave oven ア<u>is</u> イ<u>too expensive</u> ウ<u>for me</u> エ<u>to buy it</u>.
　（京都・洛南高）

⑤ ア<u>Our school has</u> イ<u>a pool big</u> enough for ウ<u>the whole class</u> エ<u>to swim</u> at the same time. 　（東京・城北高）

⑥ The shoes I wanted ア<u>were</u> イ<u>too</u> expensive for me ウ<u>to buy</u>, so I bought エ<u>a</u> cheaper ones. 　（京都・立命館宇治高）

4 各組の2文の表す内容がほぼ同じになるように，（　　）内に適当な1語を入れなさい。

（各2点，計10点）

① We will visit Tokyo, and it will be the third visit for us.

We have (　　　　) Tokyo (　　　　). 〔大阪・相愛高〕

② When did you begin to study history?

How (　　　　) (　　　　) you studied history? 〔東京・専修大附高〕

③ Mt. Fuji had a lot of snow on its top.

The top of Mt. Fuji (　　　　) (　　　　) with a lot of snow. 〔東京・豊島岡女子学園高〕

④ Aya was so kind that she lent me her computer.

Aya was kind (　　　　) (　　　　) (　　　　) me her computer. 〔福岡・西南学院高〕

⑤ She hasn't written to me for a long time.

I haven't (　　　　) (　　　　) her for a long time. 〔奈良・天理高〕

5 （　　）内の語句を並べかえて，英文を完成しなさい。 （各3点，計18点）

① その店では安いくつは売っていません。

(sold / not / cheap / are / the store / at / shoes). 〔兵庫・甲南高〕

_____

② 壁にかかっているあれらの写真はあなたの祖父が撮ったものですか。

(by / the wall / those pictures / your / taken / grandfather / on / were)? 〔兵庫・甲南高〕

_____

③ あなたは賢さが足りないだなんて思わないように。

(don't think / you / smart / are / not / enough). 〔東京・日本大豊山高〕

_____

④ 私は帰り道で雨に降られました。

(a shower / caught / I / in / on / the way / was) home. 〔埼玉・城西大付川越高〕

_____

⑤ 君の話はできすぎている。

Your (be / too / sounds / true / to / story / good). 〔広島・修道高〕

_____

⑥ (book / my / just / reading / sister / the / finished / has). 〔愛知・中京大附中京高〕

_____

6 ①②の各組の（　　）内にはつづりが同じ1語を，③～⑤の各組の（　　）内には発音が同じでつづりが異なる語を入れなさい。 　　　　　　　　　　　　　　　　　　　　（各2点，計10点）

① Turn (　　　　　) at the next corner and you will see the post office.

　Please make your bed (　　　　) away. 　　　　　　　　　　　　（東京・中央大高）

② The ground is covered with many (　　　　).

　My brother (　　　　) for school early in the morning every day. 　　（奈良・天理高）

③ We have two eyes and one (　　　　).

　He (　　　) all about it. 　　　　　　　　　　　　　　　　　（大阪・四天王寺高）

④ He (　　　　) a ball to his friend.

　I walked (　　　) a large park. 　　　　　　　　　　　　　　（大阪・四天王寺高）

⑤ Adam eats curry and rice every (　　　　).

　He never says sorry to me. That is his (　　　　) point. 　　　（東京・中央大附高）

7 次の文を英語になおしなさい。 　　　　　　　　　　　　　　　　　（各4点，計20点）

① 彼女に何をあげればよいかをもう決めましたか。

_____

② そのポット(pot)にはどのくらいお湯が入っていますか。

_____

③ 私は少しお金を持っていたが，それを彼に貸さなかった。

_____

④ 彼らは1時間前からずっと昼食をとっています。

_____

⑤ こんな雨の日に，あの山に登る人はほとんどいません。 　　　　　（智弁学園和歌山高）

_____

8 次の英文を読んで，下の問いに答えなさい。　(福岡・西南女学院高)(①②各3点，③6点，計18点)

A woman was waiting for her *flight at the airport. She thought, "I'm hungry. I need to buy some cookies." And (1)she did. Later, she sat down on a bench and started to read her book. Then she *noticed a man was sitting beside her. He put his hand into her bag of cookies and took one. She was really surprised at this cookie *thief, but she didn't say anything. The man took more cookies and ate them! She thought to herself, "He shouldn't do that. He's lucky that I'm so kind."

When only one cookie was left, she *wondered what he would do. He smiled, took the last cookie and broke it in half. He gave her one of the *halves and ate the other. She thought, "He is so *rude. He has to say sorry to me."

After her flight was called, she took her seat in the plane and started to look for her mobile phone in her bag. As she looked in, she was too shocked to *breathe. There was an *unopened bag of cookies. She thought, "My cookies are here. This means that the other bag was his. He was just trying to be kind and shared his cookies with me." Now she realized that (2)she was the rude one and actually the one who had to say sorry, but it was too late.

　(注) flight 航空便　notice ～に気付く　thief どろぼう　wonder ～かしらと思う
　　　halves half の複数形　rude 失礼な　breathe 息をする　unopened 開封していない

① 下線部(1)を did の具体的な内容がわかるように，英語4語で書きかえなさい。

_____

② この男性は最後に1枚残ったクッキーをどうしたか，次の文の（　ア　）～（　ウ　）に適する語句を答えなさい。
　そのクッキーを手に取って，（　ア　）。そして女性に（　イ　），自分は（　ウ　）。

　ア _____

　イ _____

　ウ _____

③ 下線部(2)のようにこの女性が思ったのはなぜか，日本語で説明しなさい。

_____

□ 編集協力　株式会社シー・レップス　株式会社ぷれす　西澤智夏子
□ デザイン　CONNECT

シグマベスト
最高水準問題集
中2英語

本書の内容を無断で複写（コピー）・複製・転載することを禁じます。また，私的使用であっても，第三者に依頼して電子的に複製すること（スキャンやデジタル化等）は，著作権法上，認められていません。

著　者　佐藤誠司
発行者　益井英郎
印刷所　株式会社天理時報社
発行所　株式会社文英堂

　〒601-8121　京都市南区上鳥羽大物町28
　〒162-0832　東京都新宿区岩戸町17
　（代表）03-3269-4231

●落丁・乱丁はおとりかえします。

最高水準
問題集

中2英語
解答と解説

文英堂

1 一般動詞の過去形

001 ① looked ② loved
③ stopped ④ studied
⑤ met ⑥ caught ⑦ went
⑧ came ⑨ said ⑩ wrote
⑪ made ⑫ cut

解説 ①～④は規則動詞，⑤以下は不規則動詞。

002 ① She didn't [did not] answer the question.
彼女はその質問に答えなかった。
② I didn't [did not] buy a computer.
私はコンピューターを買わなかった。
③ I didn't [did not] send an e-mail to her.
私は彼女にEメールを送らなかった。

003 ① Did he pass the English test? — Yes, he did.
② Did you take many pictures in Hawaii? — Yes, I did.
③ Did you swim in the sea? — No, we didn't.
④ Did the teacher say so? — No, he [she] didn't.

004 ① Where did Sally go?
② What did you do after school?
③ Who caught the strange fish?
④ How many fish did Ken catch?

解説 ③は who が主語なので，後ろにそのまま動詞(caught)を置いて「だれがその奇妙な魚をつかまえたのですか。」という文をつくる。

005 ① イ ② イ ③ イ ④ ウ
⑤ エ ⑥ エ

解説 ②「たくさん雨が降った。」は「私たちはたくさんの雨を持った。」と表現する。 ③ on Saturdays(毎週土曜日に)とあるので，現在の習慣を表す現在形を使う。 ⑤ Oh, did he (come to your house)? の( )内を省略した形。 ⑥ who は3人称単数として扱うので，現在形なら Who puts ～となるはず。従って，この文の put は過去形で「だれが箱の中にプレゼントを置いたのですか。」という意味だとわかる。

得点アップ
Who＋動詞 ...?(だれが～する[した]のですか。)という疑問文には，〈主語＋do [does, did].〉で答える。

006 ① brought ② flew

解説 ② I flew here は「私はここへ飛行機で来ました。」の意味。flew [flúː] は fly(飛行機で飛ぶ)の過去形。

007 ① bought ② did
③ Who, did

解説 ② Bill broke it. の下線部を did で言いかえた形。 ③「だれがこのケーキをつくったのですか。」「私の姉[妹]です。」

008 time did you get〔was が不要〕

解説「けさ何時に起きましたか。」「6時です。」

009 ① taught, us ② had

解説 ①「小林先生は私たちに英語を教えていました。」という文にする。 ② have a good time「楽しい時を過ごす。」

010 ① you have a good time
② went shopping with my sister

解説 ② go shopping「買い物に行く。」

2 was, were

011 ① **was** ② **were** ③ **was**
④ **was** ⑤ **were** ⑥ **was**

解説 ①のように後ろに過去形の動詞があったり，②，③，⑤のように過去を表す語句があるときは，be 動詞を過去形にする。

012 ①イ ②イ ③ア ④イ
⑤イ ⑥ア

解説 たとえばHe is not の短縮形は，He isn't でもHe's not でもよい。一方，He was not の短縮形は He wasn't のみであり，He was の短縮形はない。

013 ①イ ②イ ③イ ④ア
⑤イ，イ

解説 ⑤「あなた(たち)が小学校にいたとき，あなたとカオリはよい友だち[親友]でしたか。」

014 ① **Where was the tennis ball?**
② **What was under the table?**
③ **Why were they late?**
④ **Who was with you?**
⑤ **How was the movie?**
⑥ **How old was your mother at that time?**

解説 ②④は主語をたずねる疑問文なので，〈疑問詞 + be 動詞 ...?〉の形になる。⑥の疑問文は「当時あなたのお母さんは何歳でしたか。」の意味。

015 ①ウ ②オ ③エ ④ア ⑤イ

解説 ①は疑問詞で始まっていないので，Yes/No で答える。⑤「だれがそんなことを言ったのですか。」「ケンです。(Ken said it. → Ken did.)」

016 ①イ ②エ

解説 ①主語が複数形(the books)で，答えの文中に過去形の動詞(was)が使われていることか

ら考える。②「そのホテルにはレストランがありましたか。」「ええ，でも私たちは外出して夕食をとりました。」

017 ① **were** ② **Were, was**
③ **was, was**

解説 ① three years ago（3年前）とあるので過去形。② last year（去年）とあるので過去形。③「映画はどうでしたか。」「わくわくしました。」

018 ① **These books were difficult for me.**
② **Where were you this afternoon?**

解説 ① this book を複数にすると these books。be 動詞は were。②「あなたは今日の午後どこにいましたか。」

019 ① **was, good singer**
② **were, born** ③ **Was**

解説 ①「祖父はとてもじょうずな歌い手でした。」②「あなたはいつ生まれましたか。」③「雨が降った。」は it rained，「雨でした。」は it was rainy。

020 ア

解説 it's は it is の短縮形。it was は短縮形にできない。

021 ① **We weren't [were not] tired.**
② **Was it dark in the room?**
③ **We were here until [till] eight (o'clock).**

解説 ①②の be 動詞は「A は B である」という関係を表すが，③は〈主語 + be 動詞 + 場所を表す語句〉で，「〜は…にいる[ある]」の意味。

3 過去進行形

022 ① イ ② ウ ③ ウ ④ ウ

解説 過去進行形は「～していた」という意味。たとえば①は「見つけた」で過去形，②は「宿題をしていた」で過去進行形を使う。

023 ① **I wasn't [was not] having dinner then.**
私はそのとき夕食[ディナー]を食べてはいなかった。
② **She wasn't [was not] taking a walk this morning.**
彼女はけさ散歩をしていなかった。
③ **It wasn't [was not] raining when I got up.**
私が起きたとき雨は降っていなかった。
④ **We weren't [were not] watching TV at ten last night.**
私たちはゆうべ10時にテレビを見てはいなかった。

024 ① **Were, was**
② **Was, it wasn't**
③ **Were, I wasn't, I was**
④ **Were, waiting, We were**

解説 ④「あなたとケイコさんは駅でだれかを待っていましたか。」「はい。私たちの友だちを待っていました。」

025 ① **Where were the children playing**
② **What were you eating for lunch**
③ **Who was playing the guitar**
④ **How many students were cleaning the classroom**

解説 ③は who が主語なので，後ろに動詞(was playing)をそのまま置く。

026 ① エ ② イ ③ ウ ④ ア

解説 ①「両親が帰宅したとき，兄[弟]と私は窓をきれいにしていました。」 ②「1時間前に見たとき，ジェーンは図書館で勉強していました。」 ③「ゆうべあなたが電話をくれたとき，私は入浴していました。」 ④ one of the students(生徒のひとり)は単数。

027 ① **Who were you talking to?**
〔To whom were you talking? も可〕
② **Tom was lying on the bed.**

解説 ①「あなたはだれと話をしていましたか。」 ② lie に ing をつける lying になる。

lie(横になる)と lay(～を横たえる)の活用形		
原形	過去形	-ing
lie[lái]	lay[léi]	lying[láiiŋ]
lay[léi]	laid[léid]	laying[léiiŋ]

028 ① **waiting for**
② **weren't playing**
③ **Was it**

解説 ②主語(children)が複数だから were を使って否定文をつくる。

029 ① **studied → studying**
② **weren't → wasn't**

解説 ①「生徒たちはそのとき英語を勉強してはいなかった。」 ②「クラスの生徒のひとりは先生の言うことを静かに聞いていなかった。」主語はひとりだから単数。

030 ① **What were you doing at seven yesterday**

② Who were you talking
with in the classroom

解説 ② I was talking with X. の X をたずねる疑問文。

031 What were you doing last night

解説「ゆうべは何をしていたの？ 9時より後に何度も電話したのよ。」という状況。

032 ① Birds were singing in the woods.
② Who was playing the piano?
③ We weren't [were not] watching TV then.

解説 ② who が主語。 ③過去進行形の否定文。

4 be going to

033 ① going to
② are going
③ It's going

解説 be going to が①②では「～する予定だ」，③では「～しそうだ」の意味で使われている。

034 ① We aren't [are not] going to change our plan.
② Is he going to start tomorrow?
③ What are you going to learn?

解説 ③「あなたは何を学ぶ予定ですか。」

⊘ 得点アップ

be 動詞を含む文の否定文や疑問文のつくり方は，どれも同じ。
［否定文］be 動詞の後ろに not をつける。
　He **is not** a teacher.

He **is not** studying.（現在進行形）
He **is not** going to come. (be going to)
［疑問文］主語と be 動詞を入れかえる。
Is he a teacher?
Is he studying?
Is he going to come?
これら3つの疑問文への答え方は，どれも
Yes, he is. または **No, he isn't.** となる。

035 ① イ　② ウ

解説 ①「あなたのお父さんはあした大阪へ行く予定ですか。」 ②「何時に会う予定にしようか。」

036 going

解説「この週末に何をする予定ですか。」

037 How long are you going to study

解説「ここでどのくらい（の期間）勉強する予定ですか。」

038 What are you going to do

解説 Aが「ボランティア活動をする予定だ。」と言ったのに対して，Bが「何をするつもりなの？」とたずねている。Aの答えの文がWe are going to で始まっている点に着目する。

039 My aunt is going to leave Canada next Tuesday

解説「～する予定だ」は be going to で表す。

5 will

040 ① ア　② ウ　③ ア　④ ウ

解説 will の後ろには動詞の原形を置く。 ①は every Sunday に着目。習慣を表すのは現在形。

041 ① 私は5時(より)前に戻ります。
   ② 午後は雨になるでしょう。
   ③ この週末にもし晴れていたら，私た
      ちはドライブに行くつもりです。
   ④ だれかがあなたの仕事を手伝うで
      しょう。

解説 ①③は「～するつもりだ」，②④は「～する
だろう」の意味。

⑦ **得点アップ**

I [we] will ～はどちらの意味にもなるが，そ
れ以外の主語に続く will は「～だろう」の意
味で使うことが多い。
・He **will** buy the book.
 （彼はその本を買うだろう。）
・He **is going to** buy the book.
 （彼はその本を買うつもり[予定]だ。）
・Will you ～? には次の2つの意味がある。
 Will you come to the party?
 （①パーティーに来るつもりですか。）
 （②パーティーに来てくれませんか。）
①の意味を明らかにしたいときは，Are you
going to come to the party? と言う。

042 ① **It won't [will not] be
      warm tomorrow.**
      あしたはあたたかくないでしょう。
   ② **We won't [will not] go
      shopping on Saturday.**
      私たちは土曜日は買い物に行かない
      つもりです。
   ③ **My father won't [will not]
      buy a new bike for me.**
      父は私のために新しい自転車を買っ
      てくれないでしょう。

043 ① **Will, will**
   ② **Will, be, will**
   ③ **Will, won't**
   ④ **will, It'll**
   ⑤ **Who will, will**

044 **ア**

解説 エは最初に what があれば正しい。

045 ① ウ   ② ウ   ③ イ   ④ エ
   ⑤ ア   ⑥ イ

解説 ① It will be snowy tomorrow. の疑問
文。 ②「あなたは何時に帰るつもりなの？私た
ちといっしょに昼食をとることができる？」
③「日曜日はひまかい？」ウを入れるなら will
you be free ... とする必要がある。 ④「あな
たは今度の日曜日にどうやって福岡へ行くつもり
なの。」 ⑤習慣を表す文には現在形を使う。
⑥ be going to と will はいつでも同じように
使えるわけではない。

┌─────────────────────────────────┐
│ **will と be going to の使い分けの言い方** │
└─────────────────────────────────┘
will は，その場で思いついて「～しよう」と
いうときに使う。**be going to** は，あらかじ
め計画していることについて「～する予定[つ
もり]だ」という意味を表す。

046 ① **will   never   forget   your
      kindness during my stay**
   ② **How will the weather be**
   ③ **will   not   be   back   until
      eight**

解説 ② How is the weather? に will を加え
た形。

047 ① **We will be busy tomorrow.**
   ② **When [What time] will the
      shop open?**
   ③ **What will they do
      tomorrow?**

解説 ① will の後ろには常に動詞の原形を置くの
で，be動詞を will の後ろに置くときは will be
になる。

048
① **Will it rain tomorrow?**
② **They will not [won't] be busy next Monday.**
③ **I will [I'll] do my homework after dinner [supper] today.**

解説 ③現在形は使えない。

⊘ 得点アップ

「～します」という日本語を英語になおすときは,「現在」のことなら現在形,「未来」のことなら will を使う。

・**I get up at six every morning.**
（私は毎朝 6 時に起きます。）〈現在の習慣〉

・**I will get up at six tomorrow morning.**
（私は明日の朝 6 時に起きます。）〈未来への意志〉

6 Shall I ～? / Will you ～?

049 ① ウ　② イ　③ ウ　④ ウ

解説 ④「何時に集まりましょうか。」「5 時30分ではどうですか。」

050
① 朝食の後でお皿を洗ってくれませんか。
② 窓を閉めていただけますか。
③ お茶を 1 杯いかがですか。

解説 please を文の最後に置いて, Will you help me, please? のように言ってもよい。

051 ① イ　② ア　③ エ　④ ウ

解説 ①「ありがとう」と答えているので「手伝いましょうか」を入れる。　③ All right.「いいですよ。」　④ A の誘いを B が断っている状況。

052 ① **Will you**　② **Let's go**

解説 ①「～してくれませんか」②「～しましょうか」

053 **Where shall I put it**

解説 「それ［その箱］をどこに置きましょうか。」

054 **Will you help**

解説 「手伝ってくれませんか。」と表現する。

相手に頼むときの表現

① **Can you** help me?
② **Will you** help me?
③ **Would you** help me?
④ **Could you** help me?

①は「手伝ってくれない?」と友だちなどに軽く頼む言い方。②は「手伝ってくれますか。」で,少していねいな言い方。③④はさらにていねいな言い方で,「手伝っていただけますか。」という意味になる。それぞれ please を加えると,よりていねいになる。

7 can, may

055
① **I can't [cannot] sing this song.**
② **Can Hideo use this software?**
③ **The American boy could speak Japanese a little.**
④ **You will [You'll] be able to get the ticket.**

解説 can の否定形は can't または cannot。can not と 2 語で書くことは少ない。④は will can とは言えないので, will be able to とする。

056
① 丘の上の塔が見えますか。
② 私のかさを使ってもよろしい。
③ 少しの間お待ちいただけますか。

解説 He can speak English. の can は「～する能力がある」の意味。You can use this pen. の can は「（一時的に）～できる」の意味で,そこから「～してよい」という〈許可〉の意味が生

まれた。

057 ① 家に帰ってもよろしい
② 使ってもいいですか
③ サッカーをしてはいけません
④ 寒くなるかもしれません
⑤ 本当ではないかもしれません

解説 may を「〜かもしれない」の意味で使うときは，may be 〜の形をとることが多い。

058 ① May I, may
② May, Of
③ May [Can], may [must] not
④ May [Can], to

解説 may と can はどちらも「〜してよい」〈許可〉の意味を表すが，may は目上の人が許可するような場合に使う。友だち同士の会話では can の方がふつう。

059 ① イ ② ウ ③ ウ ④ イ ⑤ エ

解説 ①「水を1杯もらえますか」。許可を表す can。 ②後ろに「でもその前に歯をみがかねばなりません。」とあるので，Sure.（いいですよ。）が適当。 ③「納豆を食べることができましたか。」 ④「いくつか質問してもいいですか。」 ⑤プレゼントをもらった人が「開けてもいい？」と言う場面。

060 ① is able to ② How can

解説 ① can = be able to ②「郵便局へはどのようにしたら行くことができますか。」という文にする。How can I get to 〜? は道順をたずねるときによく使う表現で，get to は「〜に着く」の意味。

061 ① イ ② エ ③ ア ④ エ ⑤ ウ

解説 ①「ええ，もちろん(いいですよ)。」 ②「すみませんが，だめです。」 ③「いいですとも。」 ④「ええ，（遠慮なく）どうぞ。」Go ahead. は相手の行動を促すときの決まり文句。 ⑤「いらっしゃいませ(何かお手伝いしていいですか)。」

という店員のことばに対して，「おかまいなく(ただ見ているだけです)。」と答える決まり文句。

062 ① I speak to your 〔you が不要〕
② May I go shopping with her next Sunday
③ Will you be able to come

解説 ① May [Can] I speak to 〜? は電話で「〜さんをお願いします[〜さんと話してもいいですか]。」と言うときの決まり文句。

063 May [Can] I speak to

8 must, have to など

064 ① 従わねばなりません
② 家にいなければなりません
③ 泳いではいけません
④ 疲れているにちがいない

解説 「〜にちがいない」の意味の must は，must be 〜の形で使うことが多い。

065 ① イ ② ア ③ イ

解説 ③ Must I 〜?（〜しなければなりませんか。）という問いに対して，No, you must not.（いいえ，してはいけません。）と答えるのは不自然。

066 ① He has to practice tennis hard.
② Do I have to finish this work today?
③ I had to wait for an hour.
④ You will have to change your schedule.

解説 ③ must には過去形がないので，「〜しなければならなかった」は had to で表す。

㋐ **得点アップ**

助動詞を2つならべて使うことはできない。次の形を覚えておくこと。(上の2つが特に重要)

will have to ～
　(～しなければならないだろう)

will be able to ～
　(～することができるだろう)

may have to ～
　(～しなければならないかもしれない)

may be able to ～
　(～することができるかもしれない)

---

067 ① **should** 　② **should not**
　　　③ **would** 　④ **like to**

解説 Would you like ～?(～がほしいですか。), Would you like to ～?(～したいですか。)もよく使われる。

---

had better(～する方がよい)

「～する方がよい」という意味を表すには, should のほか〈**had better**＋動詞の原形〉も使える。否定形は had better not となる。
・We **should**[**had better**] wait here.
　(私たちはここで待つ方がいいだろう。)
・You **should**[**had better**] **not** eat too much.(君は食べすぎない方がいい。)

---

068 ① エ 　② イ 　③ ア 　　④ ア

解説 ①「あなたは明日仕事をしなければなりませんか。」　③「彼はその難しい問いに答えることができたので, 頭がいいにちがいない。」　④「犬の世話をしてくれませんか。」に対して「そうしたいのですが, できません。」と答えている。I'd [= I would] like [love] to, but ～(そうしたいのですが～)は, 相手の誘いや依頼を断るときによく使う言い方。

---

069 ① ア 　② エ

解説 「お茶を1杯いかがですか。」「ええ, お願いします。」

---

070 ① **Do, have** 　② **must not**

解説 ① must = have to 　② Don't ～ = You must not ～

---

071 ① **Which train should I take**
　　　② **does Tom's father have to leave Tokyo**
　　　③ **Do I have to stay here until** 〔for と can が不要〕
　　　④ **What time would you like** 〔when と are が不要〕

解説 ①「どの電車に乗ればいいですか。」　③「お父さんかお母さんが来るまでここにいなければなりませんか。」　④「何時に出発したいですか。」

---

072 **He had to study hard.**

解説 「彼は熱心に勉強しなければならなかった。」

---

073 ① **Can I walk to your house**
　　　② **You don't have to bring anything**

解説 ①「あなたの家まで歩いて行けますか。」②「何か食べ物を持って行かねばなりませんか。」に対して「いいえ。何も持って来る必要はありません。」と答えている。

第 1 回　実力テスト

1 ① ウ 　② ウ 　③ エ 　④ ア
　　⑤ イ 　⑥ ア

解説 ①「私が昨夜電話したとき, ケンジは本を読んでいた。」(過去進行形) ②「だれが窓ガラスを割ったの?」「トムです。」　③「トム, もう少しいかが?」「いいえ, けっこうです。」　④「明日映画を見に行きませんか。」「ええ, そうしましょう。」　⑤「彼女は最後の問いに答えることができなかった。」　⑥ With pleasure. は「喜んで。」の意味の決まり文句。pleasure [pléʒər] は「喜び」。

2 ① **must not**　② **don't have**
　　③ **Will you**　④ **Shall we**

解説 ①「建物の中で走ってはならない。」　②「も
う家に帰ってよろしい。」→「もうここにとどま
る必要はありません。」　③「砂糖を取ってもらえ
ますか。」　④「すぐに出発しましょうか。」

3 ① **Did**　② **course**
　　③ **going to rain**
　　④ **doesn't have**

解説 ①「ニックが伝言を数分前に君の机の上に置
いたよ。」というAのことばに，Bが「そうなの[彼
はそうしたの]？ ああ，これだ。教えてくれてあ
りがとう。」と答えている。　② of course「も
ちろん」　③ be going to を「〜しそうだ」の
意味で使う。　④主語が she なので，doesn't
have to で「〜する必要はない」の意味を表す。

4 ① **What kinds of flowers
　　　should I bring**
　　② **He will not have to do
　　　the work**
　　③ **You <u>must</u> not write
　　　answers with a pencil**

解説 ① I should bring 〜を疑問文にした形。
②「〜する必要はない」を〈not + have to〉で
表す。
③「〜してはいけない」を must not で表す。

5 ① **Why did he get up early
　　　this morning?**
　　② **Be kind to others [other
　　　people].**
　　③ **Shall we play tennis
　　　tomorrow afternoon?**

解説 ①一般動詞を使って過去を表す疑問文では
did を用いる。　② You are kind to others.
(あなたは他人に対して親切だ。)を命令文にする
と，Be kind to others. となる。　③「〜しま
せんか」は Shall we 〜?で表せる。

6 ① (1) **having**　(2) **went**
　　　(3) **were**
　　② **イ**　③ **ア × イ × ウ ×
　　　エ ○ オ ○**

解説 ①(1)「飲んでいた」(過去進行形)　(2)「戻っ
た」(過去形)　(3)「(そこに)いた」(過去形)
② Will you 〜?「〜してもらえますか。」
③ア 本を読んでいたので誤り。　イ 図書室へ行
ってから職員室へ引き返したので誤り。　ウ ケー
キはホワイト先生の机の上にあったので誤り。
エ 終わりから2番目の文から考えて正しい。
オ ほかの先生たちがホワイト先生に「誕生日おめ
でとう」と言っているので正しい。

全訳
　きのう，私は職員室で本を読んでいた。昼食時間
で，3人の先生がテーブルでコーヒーを飲んでいた。
そのとき理科の先生が入ってきて，「私といっしょ
に図書室に来てくれるかい？ そこで君にあるもの
を見せたいんだ。」と私に言った。
　私はいいですよと言い，私たち2人は図書室へ行
った。私たちがそこに着いたとき，彼はこう言った。
「ああ，ノートを持って来なかった。職員室の君の
机の上にあるんだ。いっしょに戻れるかい？」そこ
で私たちは職員室へ戻った。私がドアを開けたとき，
とてもたくさんの先生たちがそこにいて，「誕生日
おめでとう！」と言った。私は驚き，そしてとても
うれしかった。私の机の上には大きなケーキがあっ
た。理科の先生のノートではなく。彼はほほえんで
いた。

7 ① (1) **Will**　(2) **must**　(3) **can**
　　② (お父さんが職場[会社]で)カップを
　　　こわした[割った]こと
　　③ **He [Our father] will like it.**

解説 ①(1)「〜でしょうか」　(2)「〜しなければな
らない」　(3)「〜することができる」　② that
は，前の文にある he broke his cup at the
office を指す。③未来を表す will を利用する。
全訳
ルーシー：今度の土曜日の予定はどうなってる，マ
　　　　　イク？ もしひまなら，買い物に行って，
　　　　　父の日のプレゼントを買いましょう。
マイク：　いい考えだね，ルーシー，でもぼくは土

曜日は野球の試合があるんだ。日曜日は
どう？

ルーシー：日曜日は，私は友だちのリサと私たちの
町について勉強するために，駅の近くの
図書館で会うの。

マイク：　1日中かかるの？

ルーシー：たぶんね，でも図書館が閉まるのが5時
だから，その前に終わらなくちゃならな
いの。その後ならあなたといっしょに行
けるわ。

マイク：　じゃあ，5時15分に駅で会って，駅の近
くの新しいショッピングセンターへ行こ
うよ。

ルーシー：いいわ。そのショッピングセンターには
たくさんのお店があるそうね。そこでお
父さんのためにすてきなプレゼントを見
つけることができると思うわ。

マイク：　ええと…プレゼントの考えは何かある
の？

ルーシー：そうね，ペンかネクタイかうで時計を考
えているところよ。

マイク：　ああ，今思い出した。ゆうべお父さんが
職場でカップを割ったと言ってた。あの
カップは本当にお気に入りだったから，
そのことで少し悲しんでいたよ。新しい
カップはどう？

ルーシー：いい考えね！　お父さんはそれを気に入
るわ。

9　不定詞の名詞的用法

074 ① イ　②ア　③ア　④ア

解説 不定詞のto の後ろには常に動詞の原形を置
く。

075 ① 英語を流ちょうに話すことは難しい。
② 私の夢は世界一周旅行をすることで
す。
③ 父の趣味は庭の世話をすることです。

解説 ①は，A is B.（AはBです）のAの位置に不
定詞を置いた形。②③はBの位置に不定詞を置い
たもの。

076 ① ア　②ウ

解説 ①「気分が悪い。だから今（すぐに）寝たい。」
②「今日の夜は雨が降るかもしれない。かさを持
っていくのを忘れてはいけません。」

077 ① **What places would you like to visit in**
② **home before it begins to rain**
③ **made up her mind to swim across the river**

解説 ① would like to 〜「〜したい」　②「雨
が降り始める前に帰って来なさい。」　③ decide
= make up one's mind。どちらも後ろに不
定詞を置いて「〜する決心をする」の意味を表す。

⑦得点アップ

「〜することを…する」の意味を表す形として，
次の動詞も覚えておこう。
hope [wish] to ＋動詞の原形
（〜することを望む）
forget to ＋動詞の原形（〜し忘れる）
learn to ＋動詞の原形（〜することを学ぶ）
need to ＋動詞の原形（〜する必要がある）
plan to ＋動詞の原形
（〜するつもり[予定]だ）
promise to ＋動詞の原形
（〜する約束をする）
remember to ＋動詞の原形
（〜することを覚えておく）

078 **My dream is to become a singer.**

解説 to become で「〜になること」の意味を表
す。

079 例 **I'm hungry(, Mom). I want to eat dinner soon. / Can I have supper now, Mom? I'm hungry.**

解説 「おなかがすいている」「すぐに夕食を食べ

たい」の 2 つの文で表現する。「食べたい」は
want [would like] to eat。

10 不定詞の形容詞的用法

080 〉① 私は今日はすることがたくさんあり
ます。
② 何か飲み物がほしいですか。
③ 私は列車で読むための雑誌を買うつ
もりです。
④ 私はとても忙しくて，本を読む時間
が(少しも)ありません。
⑤ 私はその携帯電話を買うための十分
なお金を持っていません。

解説 形容詞的用法の不定詞は,「～するための」「～
すべき」「～する」などと訳す。

081 〉① **live in**　② **talk with**
③ **listen to**

解説 不定詞の後ろに前置詞がついている例。〈動
詞＋前置詞〉がひとまとまりの意味を表している。

082 **to eat**

解説 「食べ物(food)」を「食べるためのもの」で
言いかえる。

⑦ 得点アップ

形容詞的用法の不定詞は，しばしば thing(で
終わる語)の後ろに置く。
・I have **something to eat**.
(何か食べる〔ための〕ものを持っている。)
・I don't have **anything to eat**.
＝ I have **nothing to eat**.
(何も食べるものを持っていない。)
・I have **many things to do**.
(する〔べき〕ことがたくさんある。)

083 〉① **I have many things to do
at home**

② **She has lots of friends to
help her**
③ **He has no house to live in**
④ **me something to write
with**

解説 ④ write with a pen(ペンを使って書く)
→ a pen to write with(〔それを使って〕書く
ためのペン)→ something to write with(書
くための何か〔道具〕)

084 **Shall I bring you, hot to
drink**〔will が不要〕

解説 hot の位置に注意。something[anything,
nothing] は，形容詞を後ろに置く。something
hot で「何かあたたかいもの」。

11 不定詞の副詞的用法

085 〉① 私はテニスをするためにラケットを
買うつもりです。
② 私たちは博物館へ行くためにバスを
利用しました。
③ 昼食をとるためにあの新しいレスト
ランへ行きましょうか。
④ 私は(いくらかの)食べ物を買うため
にスーパーマーケットへ行くところ
です。
⑤ 私は英語を習得するためにアメリカ
合衆国へ行きたいです。

086 〉① **To buy**　② **To meet**
③ **To watch**

087 〉① **glad to see you again**
② **surprised to hear the
news**
③ **were excited to see the
game**

④ **was lucky to have a chance to meet her**

⑤ **Jane did her best to finish the work**

⑥ **started it at three to have**
〔start it と had が不要〕

⑦ **he was happy to talk**
〔talked と could が不要〕

解説 ①「とても夜遅くに電話してごめんなさい。」 ② to buy「買うために」 ③ to do this work「この仕事をするために」 ④ lucky to ～「～して幸運だ」, a chance to ～「～する機会」 ⑤「ジェーンはその仕事を終えるために全力をつくした。」 ⑥「6時に夕食をとるために3時に始めた。」 ⑦「彼は私と話してうれしかったと思う。」

得点アップ

「～して…と感じる」の意味を表す，後ろに不定詞を置く形容詞には次のようなものがある。
・excited(興奮している)
・happy [glad, pleased](うれしい)
・sad(悲しい)
・sorry(残念だ)
・surprised(驚いている)

088 ① エ ② ウ ③ ア ④ イ

解説 ①名詞的用法 ②副詞的用法(感情の原因) ③副詞的用法(目的) ④形容詞的用法

089 ① ウ ② エ

解説 ①「始発電車に乗るために早く家を出た。」 ②「～を見つけて驚いた」

090 ① to hear ② to buy

解説 ①「その知らせを聞いてうれしかった。」 ②「ミルクを買うためにスーパーマーケットに行った。」

091 ア

解説 「電車に間に合うために」と表現したアが正しい。イは「電車に乗り遅れることなく」，ウは「電車に乗り遅れる前に」で，実際には乗り遅れたことになる。

092 イ

解説 「昼食をとる時間がなかった」形容詞的用法の不定詞。イの「きっぷを買うお金がなかった」が同じ用法。アは「食べ物を買うために」(副詞的用法)，ウは「プールつきの家に住みたい」(名詞的用法)。

093 ① **to call you very late**
② **the post office to buy some stamps**
③ **We need a lot of energy to do this work**

094 **I used my father's computer to do my homework.**

解説 to do my homework「私の宿題をするために」

12 疑問詞＋不定詞

095 ① **how to answer this question**
② **how to write an English letter**
③ **how to get to the shop**

解説 how + to + 動詞の原形「どのようにして～すべきか，～のしかた」

096 ① **what to** ② **when to** ③ **where to** ④ **which, to** ⑤ **which club to**

解説 〈疑問詞 + to + 動詞の原形〉は「～すべきか」の意味を表す。

097 ① **how to** ② **where to**

解説 ① how + to +動詞の原形「～のしかた」
② where + to +動詞の原形「どこに～すべきか」

098 ① **how to** ② **how to**
③ **when** ④ **to choose**

解説 ①「彼はコンピューターの使い方を知っている。」 ②「駅への行き方を教えてもらえますか。」 ③「いつ出発すればよいかわからない。」 ④「彼らはどの本を選べばよいかわからなかった。」

099 ① **He told me how to use**
② **asked her which book to read to learn about**〔for が不要〕

解説 ① how + to +動詞の原形「～のしかた」
② which +名詞+ to +動詞の原形「どの…を～すべきか」

100 **Let's decide where to have [hold] our party.**

解説 where + to +動詞の原形「どこで～すべきか」

13 It is ... (for 人)＋不定詞

101 ① **It is easy to read this book.**
この本を読むのは簡単だ。
② **It is interesting to study history.**
歴史を勉強することはおもしろい。
③ **It is important to keep a promise.**
約束を守ることは大切だ。

解説 It is +形容詞+ to +動詞の原形「～することは…だ」

102 ① **difficult for children to read**
② **necessary for us to study**
③ **not easy for me to understand**

解説 It is +形容詞+ for 人+ to +動詞の原形「～することは(人)にとって…だ」

103 ① **fun to** ② **couldn't, easily**

解説 ①「ピアノをひくことは楽しい。」 ②「この英語の本を読むのは私には難しかった。」→「私はこの本を簡単に読むことができなかった。」

104 ① **necessary for us to know what to do**
② **is a lot of fun for me to play volleyball**〔enjoy が不要〕
③ **Which subject is it hard for you to study**
④ **it was hard for us to climb**

解説 ④「あなたはあの有名な山に登ったのですね。」「はい，あの山に登るのは私たちにとって大変でした。」

105 ① **It is impossible for you to understand the book.**
② **It is fun [pleasant] for me to read (a book [books]) after dinner [supper].**

解説 ②「本を読む」は単にreadでもよい。read the book は「その(特定の1冊の)本を読む」という意味なので不適切。

14 動名詞の用法

106 ① ア ② イ ③ イ ④ ア

解説 不定詞は〈to +動詞の原形〉だから, to listening のような形は誤り。

107 ① 毎日練習することが大切です。
② 食べすぎることはあなたの健康に悪い。
③ 私の趣味はＣＤを集めることです。
④ 私の人生の目標は有名な作家になることです。

解説 A is B.（AはBです。）の形で, ①②は動名詞をA, ③④は動名詞をBの位置に置いたもの。

108 ① at singing　② in studying
③ going to

解説 前置詞の後ろには動名詞を置く。

109 ① ア　② ア・イ　③ イ
④ ア　⑤ ア

解説 後ろに動名詞と不定詞のどちらか一方しか置けない動詞が問われやすい。

↗ 得点アップ
後ろに動名詞しか置けない主な動詞は次のとおり。上の３つが特に重要。
enjoy ＋ -ing（～するのを楽しむ）
finish ＋ -ing（～し終える）
stop ＋ -ing（～するのをやめる）
give up ＋ -ing（～するのをあきらめる）
mind ＋ -ing（～するのをいやがる）
practice ＋ -ing（～するのを練習する）

110 ① swimming　② to buy
③ reading

解説 ①「泳ぐのを楽しんだ。」enjoy の後ろには動名詞を置く。 ②「新しいのを買う決心をした。」decide の後ろには不定詞を置く。 ③「彼女は宇宙船についてもっと多く読むことに興味がある。」前置詞の後ろには動名詞を置く。

111 ① ア　② エ　③ エ　④ ウ

解説 ①「私はこのレポートを書き終えねばならない。」 ②「あなたにまた会いたい。」 ③「はっきりと話すことは, おたがいを理解するとても大切

な方法である。」 ④「私は彼の新しい小説を読むのを楽しみにしている。」

↗ 得点アップ
look forward to ～（～することを楽しみに待つ）の to は前置詞だから, 後ろに動詞を置くときは動名詞にする。
・I'm looking forward to seeing [× see] her.
（彼女に会うことを楽しみにしている。）

112 ① without saying
② How about
③ stop playing

解説 ① without + -ing「～しないで」 ② Why don't you ～？は「～するのはどうですか」と相手に勧める言い方。How about -ing? で言いかえられる。 ③「野球をし続けた」→「野球をするのをやめなかった」

113 ① taking care of her is
② reading sports books is very interesting
③ I am going to finish reading it〔in と read が不要〕
④ How about coming to see me with your
⑤ Walking every morning is healthy for us
⑥ Thank you for inviting me to your party

解説 ①「私はそのネコが好きなので, その世話をすることはとても楽しい。」 ②「スポーツの本を読むことはとてもおもしろい。」 ③「今晩それを読み終えるつもりです。」 ④ How about -ing?「～するのはどうですか。」, come to see me「私に会うために来る[会いに来る]。」 ⑤動名詞を文の主語にした形。 ⑥ Thank you for -ing.「～してくれてありがとう。」

114 ① How about going to the sea next Sunday?

② **I'm looking forward to seeing sumo in Tokyo.**

解説 ② look forward to -ing「〜することを楽しみに待つ」

15 There is 〜.

115 ① **There is a watermelon in the fridge**

② **There are some boys in the gym**

③ **There is a large park near my house**

116 ① **was a small school in**

② **were many[a lot of] people in**

③ **were three hotels near**

117 ① **There isn't**

② **There weren't**

③ **Is there, there is**

④ **Were there, there weren't**

118 ① **How many bookstores are there**

② **How many books are there on**

③ **How many students were there in**

解説「How many + 複数形の名詞 + are[were] there 〜?〉で「〜には…がいくつあります[ありました]か。」の意味を表す。

119 ① ア　② エ　③ イ　④ ウ

解説 ①「今びんには砂糖はほとんど入っていない。」little sugar は単数扱い。　②「湖のそばには多くの鳥がいましたか。」④ There

is [are] の後ろには不特定の名詞を置く。the のついた名詞は置けない。

「〜がある」の２つの言い方

「不特定のもの」のときは there を使う。「特定のもの」はそれを主語にして表現する。

・**There is a book** on my desk.
（私の机の上に１冊の本がある。）

・**The book is** on my desk.
（その本は私の机の上にある。）

・**There are two boys** in the classroom.
（教室に２人の少年がいる。）
※名前を特定しているのではない。

・**The two boys are** in the classroom.
（その２人の少年は教室にいる。）
※名前を特定している。

---

120 ① **There are**　② **rained**
③ **there**

解説 ①「私たちの町は２つの図書館を持っている。」→「私たちの町には２つの図書館がある。」

⑦ 得点アップ

次のような言いかえが成り立つ場合がある。
There are 数字 + A in B.
（Bの中に〜個のAがある。）
= **B has 数字 + A .**
（Bは〜個のAを持っている。）

---

121 ① **There are 365 days in a year.**

② **How many tables were there at the restaurant?**

③ **There aren't[are not] any boys in the classroom.**

解説 ①「１年は365日ある。」　②「そのレストランにはいくつのテーブルがありましたか。」
③「教室には何人かの少年がいる。」→「教室には少年はひとりもいない。」not + any で「ひとり[ひとつ]も〜ない。」の意味を表す。

122 ① There are no clouds in
② there is no difference between
③ there anything interesting in
④ were a lot of famous places to see〔every と kind が不要〕

解説 ②「その２つの間には違いはない。」 ③「何かおもしろいものがその(ニュースの)中にありますか。」 ④「沖縄には多くの見るべき有名な場所がありました。」

123 There is a beautiful park in front of our school.

124 How many people are there

解説 「あなたの家族の中には何人の人々がいますか。」と表現する。

125 There is nothing to eat here.

解説 形容詞的用法の不定詞を使って表現する。

16 命令文

126 ① ア ② イ ③ ア ④ イ

127 ① Be ② Be, please
③ Don't be

128 ① エ ② エ

129 ① Be quiet ② Please

解説 ①「教室でさわいではいけません。」 ②「駅へ連れていってください。」

130 Don't drive too fast.

解説 「あまり速く運転しすぎてはいけない。」

131 ① Don't <u>be</u> late for school
② write a letter to me when you have time

解説 ② when (〜するとき) の後ろには〈主語＋動詞〉の形を置く。

17 感嘆文

132 ① How ② What
③ How ④ What

解説 後ろが形容詞や副詞だけなら How, 名詞があれば What を使う。

133 ① hot it is today
② an interesting story this is
③ fast that boy runs
④ good players they are

解説 感嘆文の〈How＋形容詞[副詞]〉や〈What＋形容詞＋名詞〉の後ろには，〈S＋V〉の形を置くこともある。

134 ① ウ ② エ

解説 ①「彼は何と美しい絵をかいているのだろう。」 ②「彼[彼女]らは何てかわいい赤ちゃんだろう。」

135 ① What, this
② What, speaker
③ What, she is
④ well, speaks

解説 ①「これは何てかわいいネコだろう。」 ②「彼女は何てじょうずに英語を話すのだろう。」 ③「彼女は何て親切な人だろう。」 ④「彼女は何てじょうずに英語を話すのだろう。」a good speaker of English(英語のじょうずな話し手)の good は形容詞, speak English well(英語をじょうずに話す)の well は副詞。

136 **What a pleasant surprise to see**

解説▶「あなたに会えるとは何て楽しい驚きでしょう。」I'm glad to see you.（あなたに会えてうれしいです。）の意味を強めた言い方。

137 ① **How easily she solved the problem!**
② **What a nice present he gave me!**

解説▶① How easily ...!「何て簡単に…」
② What a nice present ...!「何てすてきなプレゼントを…」

18 付加疑問

138 ① **aren't you**　② **isn't it**
③ **is he**

139 ① **doesn't she**
あなたのお母さんは料理をするのがじょうずですね。
② **do you**
あなたは彼女のメールアドレスを知りませんね。
③ **can't he**
ケンジはギターをひくことができますね。
④ **is there**
あなたの学校には図書室はありませんね。
⑤ **aren't they**
生徒たちは昼食をとっていますね。

解説▶④ There is ～ の付加疑問は〈～, isn't there?〉とする。

140 ① ウ　② イ　③ エ　④ イ
⑤ ウ　⑥ ウ　⑦ イ

解説▶②「メグミがうそをついたとあなたは信じてはいませんね。」　③「あなたのお兄さん[弟]は以前あの小説を読みましたね。」　④ be going to ～（～するつもりだ）の付加疑問は，be 動詞を使ってつくる。　⑤「あなたのお兄さん[弟]があなたを手伝うでしょうね。」助動詞を含む文の付加疑問は，助動詞を使ってつくる。　⑥「ポールは試験に合格しませんでしたね。」という問いに対する No. という答えは，No, he didn't pass the exam.（はい，彼は試験に合格しませんでした。）という意味を表す。従って「もう一度やってみると彼は言いました。」を続ける。　⑦特殊な付加疑問。

得点アップ
Let's ～, shall we?（～しましょうよ。）
命令文, will you?（～してくれますか。）

141 ① **don't**
② **November, won't she**
③ **isn't it**

解説▶③「それはすばらしいニュースですね。」that を代名詞 it で受ける点に注意。

19 文型（SVC，SVO）

142 ① **will become**
② **become rich**
③ **did, become**
④ **became**

143 ① **looks hungry**
② **got tired**
③ **feel sad**

解説▶②「～になる」は become, get などで表す。become の後ろには名詞も形容詞も置けるが，get の後ろには形容詞しか置けない。
・It became [got] dark.（暗くなった。）
・She became [×got] a singer.
（彼女は歌手になった。）

144 ① × ② at ③ × ④ to ⑤ to

解説 後ろに前置詞が必要な動詞と，前置詞をつけてはいけない動詞とがある。次のような動詞に注意。

⑦ **得点アップ**

前置詞が必要	前置詞をつけない
arrive at（〜に着く）	leave（〜を発つ）
get to（〜に着く）	reach（〜に着く）
go to（〜へ行く）	visit（〜を訪れる）
listen to（〜を聞く）	hear（〜が聞こえる）
look at（〜を見る）	see（〜が見える）
wait for（〜を待つ）	watch（〜を見る）

145 ① O ② C ③ O ④ C

解説 ②は The girl was a popular singer.，④は She was very glad. が成り立つから，下線部は C。①③は speak や took を be 動詞で置きかえると意味が通じないから O。

146 ① エ ② ウ ③ エ ④ イ ⑤ イ ⑥ ア ⑦ エ

解説 ①「うれしそうに見えた。」 ②「彼女の顔は赤くなった。」 turn も「〜になる」の意味を表すことがある。The light turned green.（信号が青になった。）など。 ③ He was surprised（彼は驚いた）→ He looked surprised（彼は驚いているように見えた） ④ anger は「怒り」（名詞），angry は「怒っている」（形容詞），angrily は「怒って」（副詞）で，looked の後ろに置けるのは形容詞の angry のみ。angry at は「〜に怒る」の意味で，後ろに名詞が必要。 ⑤下の得点アップを参照。 ⑥Aが「怒らないと約束するから，本当のことを言ってごらん」と子どもに向かって言っている状況。get angry で「怒った状態になる→怒る」。 ⑦「もしあなたがそうしたければ，家族を連れて来てもいいですよ。」

⑦ **得点アップ**

look ＋形容詞（〜のように見える）
look like ＋名詞（〜らしく見える，〜に似ている）

147 ① get [be, become] cold
    ② to be [become] rich

解説 ①「冷たくなるだろう」と表現する。

148 ① Does she walk her dog every day
    ② My brother will come home before it gets
    ③ I want something nice for her
    ④ He often catches a cold in winter 〔has が不要〕
    ⑤ visited Chicago with my family 〔to が不要〕
    ⑥ Do they sell books for children at that store

解説 ①この文の walk は「〜を散歩させる」の意味。 ② before it gets dark「暗くなる前に」 ④ catch a cold は「かぜをひく」，have a cold は「かぜをひいている」。 ⑤「私は家族といっしょにシカゴを訪ねました。」 ⑥「あの店では子ども向けの本を売っていますか。」

149 ① The food looks delicious [good].
    ② It will become [be] hot this summer.
    ③ Don't bring comics to school.

解説 ① look（〜に見える）の後ろに形容詞を置く。 ② become hot「暑くなる」 ③ bring [take] A to B で「AをBへ持って来る[行く]」の意味。

20 文型（SVOO，SVOC）

150 ① gave me a nice present
    ② will show you my album
    ③ sent my cousin an e-mail

151 ① to　② to me　③ for me

to 型の動詞と for 型の動詞の違い

(a) **give** him a book
　→ **give** a book **to** him
(b) **buy** him a book
　→ **buy** a book **for** him

to は「～に向けて」〈到達点〉，**for** は「～のために」〈利益〉の意味。give, lend, send, teach などは「～に向けて与える[貸す，送る，教える]」の意味なのでto を使う。buy, cook, make, read などは「～のために買って[料理して，作って，読んで]やる」の意味なのでfor を使う。また，to 型の動詞は「相手が必要な動作」を表し，for 型の動詞は「相手がいなくても成り立つ動作」を表す。たとえば give(与える)には相手が必要だから to を，buy(買う)は相手がいなくてもできるから for を使う。

152 ① **My aunt calls me Hide**
② **I named the small cat Tama**
③ **He made the woman his wife**

153 ① イ　② エ　③ オ　④ ア　⑤ ウ

解説 ① SVO, ② SVOC, ③ SVOO, ④ SVC, ⑤ SV

前置詞句はすべて修飾語

in the room のような前置詞で始まる語句を「前置詞句」と言う。前置詞句はすべて修飾語であり，取り除いても文が成り立つ。
⑤ <u>Some boys</u> <u>are swimming</u>
　　　S　　　　　　V　　(in the river).
ウ <u>I</u> <u>waited</u> (for an hour).
　S　V　　　　　　　(私は1時間待った。)

154 ① ウ　② イ　③ エ　④ エ
⑤ イ　⑥ ア

解説 ①「私にあなたの家族の写真を見せてください。」SVOO の形をとれる動詞は show のみ。②「彼女に誕生日プレゼントをあげるために」③〈give ＋物＋ to ＋人〉の形。④「おじは私に大きな模型飛行機をつくってくれた。」⑤「友だちは私をアヤと呼びます。」⑥「私たちはそれを日本語で『おでん』と呼びます。」

155 ① **for me**　　② **gave me**
③ **teaches us**
④ **do call**

解説 ③「佐々木先生は私たちに数学を教えています。」④「彼らはこの植物を英語で何と呼びますか。」They call this plant X in English. という文の X が答えの中心となる疑問文。

156 ① **father bought me this dog**
② **Who gave you such beautiful**
③ **They made him a baseball player**
④ **the story taught me something important**
⑤ **would like to show you something interesting**
⑥ **Will you tell me something about your hobbies**
⑦ **What do you call this flower in English**

解説 ①「父がこの犬を誕生日に買ってくれました。」②「だれがそんなきれいな花をあなたにくれたのですか。」③「彼らは彼を野球選手にした。」④「その物語が何か大切なことを私に教えてくれたことを私は今でも覚えています。」⑤「あなたにおもしろいものを見せましょう。」

157 ① **My father gave me this book last Tuesday. / Last Tuesday my father gave this**

book to me.
② **Will you lend me your car?**

解説 ②〈lend＋人＋物〉で「～に…を貸す」の意味を表す。Will you lend your car to me? とも言えるが，人を前に置く方がふつう。

第2回 実力テスト

1　① ア　② イ　③ ウ

解説 ①「授業中はいい子にしていなさい，サム」（命令文）　②「今度の日曜日はどこへ行く(べき)か決めましたか。」　③「何か冷たい飲み物はありますか。」「もちろん(ありますとも)。オレンジジュースはいかがですか。」

2　① **Don't leave**
② **fond, lying**
③ **to, with**
④ **made me**
⑤ **What, call**
⑥ **found, interesting**

解説 ①「私が戻るまでこの部屋にいなければならない→私が戻る前にこの部屋を出てはならない。」②「彼は芝生に横になるのが好きだ。」be fond of ～ing「～するのが好きだ」③「鉛筆か何か[→何か書くもの]をください」。write with something「何かを使って書く」から write のあとに with が必要。　④「その知らせを聞いて悲しくなった。→その知らせは私を悲しくさせた。」　⑤「この花の英語の名前を知りたい。→この花を英語で何と呼びますか。」　⑥「その小説は(読んでみたら)とてもおもしろいとわかった。」

3　① **interested, taking**
② **glad [happy] to hear**

解説 ① in(前置詞)の後ろには動名詞(taking)を置く。take pictures は「写真を撮る」

4　① **Thank you for giving me a call**

② **be so easy for young children to understand**
③ **to be afraid of making mistakes**
④ **Who is the boy** <u>running</u> **in the park**
⑤ **homework will not make students interested in studying**
⑥ **you have anything special to do**
⑦ **Will there be a big earthquake in**
⑧ **This website will tell you where to buy the watch**
⑨ **He looked for someone to travel with**〔found が不要〕
⑩ **are collecting cans to keep the street clean**

解説 ① Thank you for ～ing「～してくれてありがとう」　③ S is C.「S は C だ」の C の位置に不定詞句を置いた形。make mistakes は「ミスをする，間違える」　④ running in the park が前の boy を修飾する形。　⑤ make students interested in ～で「学生が～に興味をもつようにする」の意味。　⑦ There will be ～「～があるだろう」を疑問文にする。　⑧ tell＋人＋where＋to＋動詞の原形＝どこで～すべきかを(人)に伝える　⑩「あれらの生徒たちは通りで何をしているのですか。」「彼らは通りをきれいにしておくために(空き)カンを集めています。」

5　① **gives us many kinds of information all the time**
② **take you to the airport**
③ **means that she wants us to come to her**
④ **show you where you are**
⑤ **spend the weekend**

解説 ①「この辞書は私たちにいつも多くの種類の情報を与えてくれる。」　②「20分の徒歩があなたを空港へ連れて行くだろう→20分歩けば空港に着

きます。」　③「あのしぐさは彼女が私たちに彼女のところへきてほしいと思っていることを意味している。」　④「この地図はあなたがどこにいるかを示す。」　⑤「あなたは週末をどのように過ごしましたか。」

---

6 ① エ　② エ　③ イ

解説 ①「彼らといっしょにお祈りするために教会へ行こうよ。」エは shall we が正しい。　②「世界中には多くの言語がありますね。」エは there が正しい。　③「私のおいは2週間前に会ったとき疲れていて悲しそうに見えた。」イは unhappy が正しい。〈look＋形容詞〉で「〜に見える」の意味を表す。

---

7 例 My father bought me a camera for my birthday. How about going (somewhere) to take some pictures during the winter vacation?

解説 〈buy＋人＋物〉で「(人)に(物)を買ってやる」の意味を表す。「私の誕生日(のため)に」は for my birthday。第2文は Let's go 〜. や Do you want [Would you like] to go 〜? などでもよい。

---

8 例① I left my wallet [purse] on the kitchen table.
例② can [will] you bring it (for me) to the station?

解説 left は leave「〜を置き忘れる」の過去形。「台所のテーブルに」は on the table in the kitchen でもよい。②は，相手に何かを頼むときは(相手がノーと答えることもできるように)「〜してくれますか」と疑問文の形を使うのがよい。Please bring 〜だと「持って来なさい」と強制しているようにも感じられる。

---

9 ① Ken had to study hard to be [become] a doctor.
② There are three English teachers in our school and

two of them are from America [the U.S.].
③ You look tired, so you should take [have] a rest [break].
④ This song makes people happy.
⑤ It is important to read many kinds of books.
⑥ It is dangerous for children to swim in this river.

解説 ①「〜になるために」は to be [become] 〜で表す。　③ take a rest「ひと休みする」　④「この歌は人々を幸せにする」と表現できる。　⑤⑥ It is ＋形容詞＋(for ＋人＋)to ＋動詞の原形＝〜することは((人)にとって)…だ

---

21 比較級・最上級(1)

158 ① longer, longest
② larger, largest
③ bigger, biggest
④ happier, happiest
⑤ newer, newest
⑥ easier, easiest

159 ① older than
② heavier than
③ highest, in　④ tallest of

160 ① more difficult
② most popular
③ more beautiful
④ most important

解説 ④「健康はすべてのうちで最も大切だ。」

161 ① Which, hotter, is
② Who, tallest in [on], am
③ Which, most interesting of

162 ① イ　兄[弟]は私より少し背が高い。
　　② イ　父は母より３歳年上です。
　　③ ア　第１問は第２問よりはるかに[ずっと]やさしかった。

⑦ 得点アップ

比較級の前に **very** を置くことはできない。「差が大きい」ことを強調するには **much** を使う。
・Tom is **much**[×very] **taller** than Ken.（トムはケンよりもずっと背が高い。）

163 ① イ　② エ　③ エ　④ エ　⑤ エ

解説 ④「ニューヨークは世界で最も大きい都市のひとつだ」〈one of the ＋最上級＋複数形の名詞〉（最も〜なもののうちのひとつ[ひとり]）はよく使われる形。この形が主語のとき，動詞は単数で受けて is などを使う。　⑤「この泣いている子は私の弟なの？」「ええ。彼はそのときあなたより小さかったわ。」「そうね。でも今では家族で一番背が高いわ。」とすれば意味が通じる。

164 ① **easier**　② **ours**

解説 ①「私はそれの方がほとんどの質問よりもやさしいと思いました。」　②「彼らの国は私たちの国よりも大きい。」ours ＝ our country。

165 **more beautiful than**

166 ① **is the most famous tennis**
　　② **more interesting than that one**
　　③ **They have fewer chances to play outside** <u>than</u>
　　④ **This box is much heavier than that one**
　　⑤ **one of the most famous places in**〔place が不要〕
　　⑥ **Do you have anything a little cheaper**

解説 ①「だれが日本で一番有名なテニス選手ですか。」　②「この本はあの本よりもおもしろいですか。」　③「彼らは以前よりも外で遊ぶ機会が少ない。」fewer は few（少ない）の比較級。than before（以前より）は一種の熟語。　④ much ＋比較級＋ than 〜「〜よりもはるかに…」　⑥ something cheap（〔何か〕安いもの）→ something a little cheaper（もう少し安いもの）。疑問文なので something が anything になっている。

167 **shopping**
　　It is one of the most famous books in Japan.

解説 go shopping で「買い物に行く」。books の s をつけ忘れないこと。付加疑問文を使って，〜 Japan, isn't it? としてもよい。

22 比較級・最上級(2)

168 ① **earlier**
　　私はけさ母より早く起きた。
　　② **fastest**
　　イチローは私のクラスで一番速く走る。
　　③ **more slowly**
　　母は父よりもゆっくり運転する。
　　④ **latest**
　　私は土曜日は家族の中で一番遅く寝る。

最上級にはなぜ the がつくのか

・He is **the tallest** (boy) in our class. この文の場合，「一番背が高い子」はひとりに特定できるので，特定のものを示す the がつく。つまり最上級の the は，（省略された）名詞につく。
・He runs (the) fastest in our class. run fast は「速く走る」で，fast は副詞。この文では fastest の後ろに名詞が省略されているとは考えられないので，本来は the をつける必要はない。しかし「最上級の前には the を

つける」というルールによって，the を前に置くことが多い。

---

169 ① **better** ② **best** ③ **more**
④ **most**

解説 better は good（よい）・well（じょうずに）の比較級。more・most は次の違いに注意。

more・most の2つの使い方

(a) This book is **more interesting** than that.
(b) I have **more books** than Tom.

(a) のように形容詞・副詞の前にある **more** は，「比較級をつくる記号(-er の代わり)」として使われており，「より〜」の意味を表す。一方，(b) のように名詞の前にある **more** は，「より多くの」の意味を表す(many・much の比較級)。most の場合も同様。

(c) This book is **the most interesting** of all.
(d) I have **the most books** in my class.(私はクラスで最も多くの本を持っている。)

---

170 ① **harder, did** ② **best, does**

---

171 ① **like dogs better than cats**
② **baseball the best of all sports**

解説 たとえば①の better は歴史的には well の比較級だが，今日の英語では I like cats well. とは言わない(I like cats very much. がふつうの言い方)。like A better than B などは一種の決まり文句として覚えるのがよい。

---

172 ① 富士山は日本のほかのどの山よりも高い。
② だんだんあたたかくなっている。
③ 100人以上の人々がパーティーに来た。

---

⑦ 得点アップ

Tom is **taller than any other boy** in his class.
(トムはクラスのほかのどの男子よりも背が高い。)

= **No (other) boy** in his class is **taller than** Tom.
(クラスの[ほかの]どの男子もトムより背が高くない。)

= **No (other) boy** in his class is **as tall as** Tom.
(クラスの[ほかの]どの男子もトムほど背が高くない。)

= Tom is **the tallest boy** in his class.
(トムはクラスで一番背が高い男子だ。)

---

173 ① エ ② エ ③ ウ

解説 ①「このラケットはすべてのうちで一番いいと思う。」③「天気は日ごとに(前よりも)ずっと悪くなった。」worse は bad の比較級。

---

174 ① **fastest runner**
② **Is, better pianist** ③ **best**

解説 ① He runs fast. は He is a fast runner. と言いかえられる。③上の文は「クラスのどの女子もメアリーほどじょうずに歌うことはできない」。

---

175 **イ，listening to it**

解説 比較する相手は「形の上で対等のもの」でなければならない。最初の文では speaking English(英語を話すこと)と listening to it(それ[英語]を聞くこと)を比べる形にするのが正しい。次の例も同様。

・**My car** is smaller than **his**[×him, he].
(私の車は彼のより小さい。)※ his = his car

---

176 **Which do you like better**

---

177 ① **one of my best friends**
② **I show you more**

③ **which season do you like the best**
④ **He will be able to play tennis better**
⑤ **is much <u>more</u> interesting than that one**

解説 ①「彼女は私の一番いい友だちのひとりです。」 ②「もっとたくさんの写真を見せましょうか」。more は many の比較級。 ③「あなたは日本でどの季節が一番好きですか。」 ④ better は well の比較級で「今よりもじょうずに」の意味。 ⑤ much は比較級(more interesting)を強調して「はるかに〜」の意味を表す。

---

178 **Will [Can, Would, Could] you speak more slowly**

解説「あなたの英語は私には速すぎます。もっとゆっくり話してもらえますか。」「ああ，すみません。そうするようにしてみます。」「もう少しゆっくり話す」なら speak a little more slowly。

---

179 ① **I liked tea better than coffee.**
② **I hear [They say] (that) it will be [become] colder next week.**

解説 ②「今週より」が省略されている。

主語以外を比較する形

比較級の基本形は〈A is 比較級 than B.〉だが，次のような形もある。

・It is **warmer** <u>today</u> **than** (it was) <u>yesterday.</u>(今日は昨日よりあたたかい。)
この文では，「今日のあたたかさ」と「昨日のあたたかさ」とが比べられている。
・It will be **colder** <u>next week</u> **than** (it is) <u>this week.</u>(来週は今週より寒くなるでしょう。)
この文で比べられているのは「来週の寒さ」と「今週の寒さ」。比べる相手が明らかなときは **than** 以下を省略することができる。

・It is **warmer** today.
・It will be **colder** next week.

23 as を用いた比較

180 ① **is as large as China**
② **be as cool as today**
③ **become as rich as my uncle**
④ **cooks as well as her sister**

---

181 ① 日本はフランスほど大きくない。
② 私はあなたほどたくさんのハンバーガーを食べられない。
③ 私はサッカーについて兄[弟]ほど多くのことを知らない。

---

182 ① 君の3倍長く[長い時間]
② 半分の大きさです
③ 日本の約20倍の広さ[大きさ]です
④ 私の2倍より多くの

解説 ④ more than 〜は「〜より多くの」。

---

183 ① イ　②イ　③ア

解説 ③に注意。「多くの本」は many books だから，「〜と同じくらい多くの本」は as many books as 〜と表現できる。

---

184 ① **as** ② **same, as**

---

185 ① イ　② ア　③ エ

解説 ③「彼女の家は私の家の2倍の大きさです。」

---

186 ① **as [so], as** ② **not as [so]**
③ **as [so] well as**
④ **younger** ⑤ **he could**

解説 ①「この本はあの本よりもおもしろい」→「あ

の本はこの本ほどおもしろくない」

A is 比較級 than B.
= B is not as [so] ～ as A.
(例) Tom is **taller than** Ken.
　　（トムはケンよりも背が高い。）
　= Ken is **not as [so]** tall as Tom.
　　（ケンはトムほど背が高くない。）

187 ① **twice as many books**
　　② **not as [so] cheap as**

188 ① **think baseball is as**
　　　〔has が不要〕
　　② **Try to study English as**
　　　hard as you can
　　③ **He has three times as**
　　　many books as I have

解説 ①「野球はバスケットボールと同じくらいお
もしろいと私は思う」 ② as hard as you
can「できるだけ一生懸命に」 ③文の最後の形
に注意。

than・as に続く形

比較級に続く than や，as ～ as ... の2つめ
の as は，もともと接続詞である。従って後ろ
には〈主語＋動詞〉の形を置くことができる。
・Tom is taller **than I am**.
　※ Tom is taller than I am tall. と は 言
　　えない。
この文の am は省略できる。
・Tom is taller **than I**.
話しことばでは，次の形もよく使われる。
・Tom is taller **than me**.
as の場合も同様。
・Tom is as tall **as I [as I am, as me]**.
一般動詞の場合は，do [does, did] を使う。
・She sings better **than I (do) [than
　me]**.
前の動詞が have のときは，have も使える。

・He has more books **than I do [than
　I have]**.

189 **is three times as long, that
　one** 〔third が不要〕

190 ① **She can play tennis as
　　well as you.**
　　② **My bicycle [bike] is not
　　as [so] old as yours.**
　　③ **I want [would like] to read
　　as many books as I can.**

解説 ① ～ as well as you do [can]. とも言え
る。 ③ as many books as の語順に注意。

24 and, or, but

191 ① **and** ② **but** ③ **or** ④ **and**
　　⑤ **but** ⑥ **or**

解説 ④ together(いっしょに)とあるので，or
でなく and が入る。 ⑥「あの女性は医者ですか，
それとも看護師ですか。」

192 ① **and**
　　あの角を左に曲がりなさい，そうす
　　れば銀行が見つかるでしょう。
　　② **or**
　　さわがしくしてはいけません，さも
　　ないと赤ん坊が目をさますでしょう。
　　③ **and**
　　今出発しなさい，そうすれば列車に
　　間に合うでしょう。
　　④ **or**
　　今出発しなさい，さもないと列車に
　　乗り遅れるでしょう。

193 ① **ア** ② **イ** ③ **イ**

解説 ①「右に曲がりなさい，そうすれば左手に郵

便局が見つかるでしょう。」 ②「その本を早く返しなさい，そうしないと図書館から本を借りることができなくなるでしょう。」 ③「私たちに加わるのはどうですか。」という誘いを，「そうしたいのですが，このレポートを3時までに終えねばなりません。」と断っている。

194 or

解説 「仙台と盛岡のどちらを最初に訪ねたいですか。」

195 Try harder, or

解説 「一生懸命にやりなさい，そうしないと試合に勝てないよ。」

⑦ **得点アップ**

命令文, and ...（～しなさい，そうすれば…）
= If you ～, you will ....
命令文, or ...（～しなさい，さもないと…）
= If you don't ～, you will ....

196 ① you go and get some
② He will be back in an hour or two

解説 ①「テッド，トマトを買いに行ってくれる？ 昼食にスパゲティといっしょに食べるのにトマトが必要なの」 go and ＋動詞の原形（行って～する）= go to ＋動詞の原形（～しに行く） ② an hour or two hours（1時間か2時間）の hours を省略して，an hour or two（1，2時間）と表現できる。

25 when, because, that など

197 ① when
私たちは子どものときにこの公園で遊びました。
② after
宿題を終えた後でテニスをしましょうか。

③ before
寝る前に歯をみがきなさい。
④ until
私たちは次のバスが来るまで20分待たねばならない。

198 ① ア ② イ

解説 when, because などの接続詞の後ろから訳す点に注意。

199 ① 彼は時間通りに来るだろうと思います。
② そのチームが試合に負けたことが信じられない。
③ コーチは私たちが全力をつくさねばならないといつも言う。
④ ネコがネズミをとるということは子どもでも知っている。

⑦ **得点アップ**

後ろに that（～ということ）を置ける主な動詞には，次のようなものがある。
believe that ～（～だと信じる）
find that ～ （～だとわかる）
hear that ～ （～だと聞く）
hope that ～ （～ということを望む）
know that ～ （～だと知っている）
learn that ～ （～ということを学ぶ）
remember that ～
　　　　（～ということを覚えている）
say that ～ （～だと言う）
think that ～ （～だと思う）

200 ① We hope you will pass the exam
② I hear she lived in Britain
③ Do you know her mother was an actress
④ I remember I stayed at this hotel

解説 それぞれ，動詞の後ろに that が省略されている。

時制の一致

that の前の動詞が過去形のときは，後ろの動詞も過去形にする。これを「時制の一致」と言う。
・I know (that) she is your sister.
（彼女が君の妹だと私は知っている。）
・I knew (that) she was your sister.
（彼女が君の妹だと私は知っていた。）
・I think (that) he will come.
（彼は来るだろうと私は思う。）
・I thought (that) he would come.
（彼は来るだろうと私は思った。）
※ would は will の過去形。

201 ① イ ② エ ③ エ ④ エ
⑤ イ ⑥ エ ⑦ ア

解説 ①「この機械を使うときは注意しなさい。」②「雨が降り出す前にここを出よう。」③「長谷川さんが外出していることを私は知っていた。」④「すぐに寝ればあなたは元気になるでしょう。」⑤「私はあなたに会いたかったのでここへ来ました。」⑥「彼はとても遅く起きたので，バスに乗り遅れて仕事に遅刻した。」because ～は「～なので」と後ろから訳すが，so ～は「だから～」と前から訳す点に注意。⑦「タカシはイギリスに滞在している間に病気になった。」while は「～する間に」。

202 ① he heard ② If, don't
③ after she

解説 ①「聞いて悲しんだ」を「聞いたとき悲しんだ」と言いかえる。前の動詞が過去形(was)なので，hear を過去形の heard にする。②「もし一生懸命に練習しなければ，あなたは試合に負けるでしょう。」③「クミは本を読んだ後で寝た。」と言いかえる。

203 ① We have to go home
before it begins
② How about going fishing
in the river if it's

③ think that children should
go to bed
④ I found learning about
different cultures was

解説 ①「雨が降り出す前に家に帰らねばならない」②if it's sunny「もし晴れたら」③I think that ～「私は～だと思う」④I found (that) ～「私は～だとわかった」

204 エ

解説「食べる前に手を洗わねばなりません。」before や after は前置詞・接続詞の両方に使う。エは eating または you eat とするのが正しい。

得点アップ

(a) Brush your teeth before you go to bed.
(b) Brush your teeth before going to bed.（寝る前に歯をみがきなさい。）
(a)の before は接続詞。後ろには〈主語(you)＋動詞(go)〉を置く。(b)の before は前置詞。後ろには動名詞(going)を置く。次の例も同様。
(c) I studied after I had dinner.〈接続詞〉
(d) I studied after having dinner.〈前置詞〉（私は夕食を食べた後で勉強した。）

205 ① I swam in this river when I was a child.
② If you are interested in history, you should read this book.

解説 ①「私が子どもだったとき」と表現する。When I was a child, I swam in this river. でもよい。② if 以下を後ろに置いてもよい。

26 前置詞の意味と用法

206 ① ア ② ウ ③ イ ④ イ ⑤ ウ

解説 ①「毎朝6時に起きる」 ②「夏祭りは7月20日に始まる」 ③「秋には多くの木の葉が落ちる」 ④「8時から11時まで勉強した」 ⑤「3時間勉強した」

---

207 ① during ② for ③ in
④ until ⑤ by

⑦ 得点アップ

by ＝〜までに
until [till] ＝〜まで(ずっと)

---

208 ① at ② in ③ on
④ over [above]

解説 ③ on は「接触」を表す。必ずしも「上」でなくてもよい。 ④ on the lake だと水面に浮かんでいることになるので flying と意味が合わない。over は「離れて上の方に」ということ。

---

209 ① ウ ケイコとエミの間のあの女の子はだれですか。
② ウ 私は家から駅まで歩いた。
③ ア 男の子が門のそばに立っている。
④ イ 池のまわりにはたくさんの木がある。
⑤ ウ 試合が終わって，人々が競技場から出てきた。

解説 ⑤ out of 〜は「〜から外へ」という意味。反意語は into 〜「〜の中へ」。

---

210 ① イ ② イ ③ ア ④ ウ ⑤ ウ

解説 ① by bus [train, car] のように交通手段を表す言い方のときは，名詞に a や the をつけない。

---

211 ① 私は父といっしょに中国へ旅行しました。
② あの長い髪の女の子はだれですか。
③ 駅へ行く道を私に教えていただけますか。

④ 世界中の人々がこの歌を知っています。

解説 斜字体(イタリック体)の語句は，①では動詞(traveled)を修飾する副詞句であり，②〜④では直前の名詞を修飾する形容詞句の働きをしている。

---

212 ① ウ ② エ ③ イ ④ ア
⑤ ウ ⑥ ウ ⑦ エ

解説 ①「来週の水曜日までに」 ②「午後8時まで働く」 ③「長い髪を持つ少女」 ④「ペンを使って」 ⑤ at the age of 〜「〜歳で」 ⑥ in front of the building「建物[ビル]の前に」時間の場合は before を使うが，場所を表すときは in front of を使う。before the building とはふつう言わない。 ⑦「ホテルの真向かいに映画館がある」across (from) 〜「〜の向かいに」

---

213 ① between ② during
③ against ④ How, by

解説 ①「私の考えとトムの考えとの間には違いはない」 ②「夏休みの間に」 ③ for は「〜に賛成して」，against は「〜に反対して」の意味で使う。 ④「どうやって通学しますか。」「ふだんはバスで行きます。」

---

214 ① after school
② without water
③ During my ④ of

解説 ①「学校が終わった後で」→「放課後(after school)」 ②「私たちは生きるために水を必要とする。」→「私たちは水なしでは生きられない。」 ③「アメリカ滞在中に私は彼を訪ねた。」while(〜する間)は接続詞なので，後ろには〈主語(I)＋動詞(was staying)〉を置く。during(〜の間)は前置詞なので，後ろには名詞(my stay ＝私の滞在)を置く。

---

215 ① for ② on

解説 ① be good for 〜「〜によい」，make A for B「A(物)をB(人)のためにつくる」，for a long time「長い間」 ② on foot「徒歩で」，

on one's way to ～「～へ行く途中で」, put on ～「～を身につける」

216 ① **on**　② **with**　③ **In**
　　　④ **for**　⑤ **By**

解説 ① on one's way home from school「学校から帰る途中で」　②「(それを使って)書くための鉛筆やペン」　③ in fact「実際は」　④「私は20分間彼を待った。」　⑤ by the way「ところで」

217 ① **watch the baseball game between Japan and**
　　② **tell me the way to the hospital**
　　③ **How far is it from here to Nakano**
　　④ **gave it to America as**
　　⑤ **are making speeches in English about**
　　⑥ **We spent a few days in a room with a nice view**

解説 ①「日本と韓国との(間の)野球の試合をテレビで見ましたか。」　②「病院へ行く道を教えてくれませんか。」　④「フランスがそれ[自由の女神像]を友情のシンボルとしてアメリカに贈ったことをあなたは知っていましたか。」as は「～として」の意味の前置詞としても使う。　⑥ a room with a nice view「よいながめを持つ部屋」

218 ① **The girl with a dog is my sister.**
　　② **After dinner [supper], I played a video game with my brother for an hour.**

解説 ① with a dog が前の名詞(the girl)を修飾する形。　② after dinner は文の最後に置いてもよい。with my brother と for an hour の順序は逆にしてもよい。

27 動詞・形容詞＋前置詞

219 ① **for**　② **to**　③ **on**　④ **of**

解説 ① look for ～「～をさがす」　② get to ～ = arrive at ～「～に着く」　③ call on ～ (人) = visit ～「～を訪ねる」　④ What do you think of ～ ?「～をどう思いますか」

220 ① **for**　② **from**　③ **of**　④ **from**

解説 ① be late for ～「～に遅れる」　② be absent from ～「～を欠席する」　③ be full of ～「～でいっぱいだ」　④ be different from ～「～とは異なる」

221 ① **ウ**　② **エ**

解説 ① arrive at ～「～に到着する」　②「彼はその単語の意味を調べるために辞書をひいた」。look up a word in a dictionary「辞書で単語をひく」

222 ① **famous**　② **heard**
　　③ **left for**　④ **get on**

解説 ① be famous for ～「～で有名だ」　② hear of ～「～のこと[うわさ]を聞く」　③ leave for ～「～に向けて出発する」leave Tokyo(東京を出発する)との違いに注意。　④ get on ～「～に乗る」

223 ① **good at**　② **fond of**
　　③ **different from**
　　④ **took care**　⑤ **Take off**

解説 ① be good at ～「～が得意だ」　② be fond of ～「～が好きだ」　③ be different from ～「～とは異なる」　④ look after ～ = take care of ～「～の世話をする」　⑤「靴をはいたままでこの部屋に入って来てはいけません」→「この部屋に入って来るときは靴を脱ぎなさい」take off ～「～を脱ぐ」。反意表現は put on ～「～をはく[着る]」。

④ **took a taxi to be in time for the concert**

解説 ①倍数の表現は〈何倍 + as ～ as〉を使う。
② one of the oldest temples「最も古い寺のひとつ」　③ as ～ as I can「できるだけ～」　④ be in time for ～「～に間に合う」。to be は目的(「～するために」)を表す副詞的用法の不定詞。

第3回 実力テスト

1 ① イ　② イ　③ ウ　④ ウ　⑤ ウ

解説 ①「兄［弟］は私の2倍の数の CD を持っている。」　②「ジョージはあさってまでバンクーバーに滞在するだろう。」　③「太陽が東から昇ることはだれでも知っている。」in the east で「東に［で］」の意味。　④「セーターをさがしています。」look for ～で「～をさがす」。　⑤「寒かったので外出しなかった。」

2 ① **Be, or**
② **can't [cannot], well**
③ **my stay**
④ **swimming better, fishing**
⑤ **ours**

解説 ①「静かにしなさい，そうしないと先生の声が聞こえません。」〈命令文, or ～〉の形。　②下の文は「ユミはエミほど上手にピアノをひけない」の意味。　③「京都に滞在している間に，私は彼と数回会った」during(～の間に)は前置詞なので，後ろには名詞(my stay)を置く。　④「釣りは彼にとって水泳ほどおもしろくない。」→「彼は釣りよりも水泳の方が好きだ。」　⑤「この本は私たちのものです。」belong to ～は「～に所属する」。

3 ① **remember that**
② **over, on**
③ **turn, off**

解説 ① remember that ～「～ということを覚えている」　② all over the world「世界中で［の］」，on TV「テレビで」　③ turn ～ off「～のスイッチを切る」。反意表現は turn ～ on「～のスイッチを入れる」。

4 ① **has twice as many CDs as I have**
② **will visit one of the oldest temples in Kyoto**
③ **many temples as I can during my stay**

5 ① **Which do you like better, summer or winter?**
② **Call me when you arrive at the station.**

解説 ① Which do you like better, A or B?「AとBのどちらの方が好きですか。」　② if ではなく when を使うことに注意。if だと「もし駅に着いたら」の意味になるが，駅に着くことは決まっているのだから「駅に着いたときに」と表現する。arrive at は get to や reach でもよい。

6 ①(1) **for**　(2) **For**
(3) **By**　(4) **on**
② **エ**
③ 短い時間でぶどうの皮をむいて種を取り出すこと[12回の鐘の音に合わせて12粒のぶどうを食べること]。

解説 ①(1) make A for B「A(物)を B(人)のためにつくる」　(2) for example「たとえば」　(3) by the way「ところで」　(4) 特定の日を表す前置詞は on。　②直後に「できない人もいる」とあるので，difficult(難しい)を入れる。　③ do so は前の文の do it と同じ内容を指し，具体的にはその前の文(We peel ....)を受けている。

【全訳】
リョウ：おはよう，ホセ。今日は今年最後の日だね。
ホセ：　そうだね。あしたは元日だ。楽しみだよ。
リョウ：ぼくたちはあしたおせち料理を食べるんだ。お母さんがぼくたちのためにおせち料理を作っているところだよ。
ホセ：　おせち料理？それは特別なものなの？
リョウ：うん。たくさんの種類の料理が入っていて，それぞれの料理はぼくたちに幸福をもたら

すものを意味しているんだ。たとえば，長
生きできることを願うためにえびを食べる
よ。ところで，ホセ，君の国でも元日に特
別な料理を食べるの？

ホセ：　もちろん。ぼくたちは12粒のぶどうを食べ
るんだ。

リョウ：なぜ12粒のぶどうを食べるんだい。

ホセ：　元日が来ると，すべての広場で鐘が12回鳴る。
最初の鐘が鳴るときに，１粒のぶどうを食
べるんだ。それから２度目の鐘が鳴るとき，
2つ目のぶどうを食べる。短い時間でぶど
うの皮をむいて種を取り出すんだ。それは
難しいよ。だから，それができない人もいる。
でも，もしそれができたら幸福になるとぼ
くたちは信じているから，一生懸命にやっ
てみるのさ。

リョウ：そうなのかい。それは日本でおせち料理を
食べるのに似ているね。

ホセ：　そう思うよ。どちらの国の人ももっと幸福
になることを願っている。ぼくたちは違っ
た特別料理を食べるけれど，心の中では同
じことを思っているんだね。

---

7 ①(1) **better**　　(2) **as**
　　②(1) ウ　　(2) ア　　(3) エ
　　　(4) イ　　(5) オ

解説 ①(1) like A better than B「Bよりも A
の方が好きだ」 (2) not as ～ as ...「…ほど～
ではない」 ②(1) 3番目の文から考えて，アは音
楽。スポーツは男子には人気があるが女子には人
気がない。ウとオがそれに当たるが，最後から3
つ目の文から「テレビ・映画は女子の間で最も人
気がない」ことがわかるので，オが「テレビ・映
画」。従ってウが「スポーツ」。「女子はスポーツ
よりインターネットを好む」とあるのでイ・エの
どちらかがインターネットだが，「同じ割合の男
女が勉強に興味を持つ」「勉強は音楽の約半分の
比率」という説明からエが「勉強」。残るイが「イ
ンターネット」となる。

全訳

ある中学校で，生徒たちは「あなたは何に最も興
味がありますか」という質問に答えた。グラフは彼
らの答えを示している。音楽が全生徒の間で最も人
気が高かった。ほぼ同じ割合の男女が音楽に興味を
持っていると言う。スポーツも男子には人気のある

答えだが，女子にはそうではない。女子はスポーツ
よりもインターネットを好む。同じことはテレビ・
映画にも言える。それらは男子の間では人気だが，
女子はそれらに男子ほど興味を持っていない。テレ
ビ・映画の割合は女子の間では最も低い。勉強はど
うだろうか。同じ割合の男女が勉強に興味を持って
いるが，音楽の約半分ほどの割合でしかない。

28 受動態の形

224 ① **liked, liked**
　　② **studied, studied**
　　③ **spoke, spoken**
　　④ **did, done**
　　⑤ **went, gone**
　　⑥ **came, come**
　　⑦ **caught, caught**
　　⑧ **built, built**
　　⑨ **wrote, written**
　　⑩ **read, read**

225 ① **is spoken**
　　② **are loved by**
　　③ **is used by**

解説 受動態の文の主語が複数形のときは，②のよ
うに be 動詞を are にする点に注意。

226 ① **I was helped by my father.**
　　② **This room was cleaned by
　　　Naomi.**
　　③ **These novels were written
　　　by a popular writer.**

227 ① **is not read**
　　② **isn't taught**
　　③ **wasn't done by**

228 ① **Is this room used by your
　　　father**

② **Is this shrine visited by many people**
③ **Were these pictures painted by Nana**

---

229 ウ

【解説】「見られる」は is watched。

---

230 ① ウ ② イ

【解説】①「その映画は昨年北山氏によってつくられた。」 ②「私はきのう帽子をなくしたが，けさだれかによって発見された。」

---

231 ① **was written**
② **Were, taken**
③ **written**

【解説】①「この手紙は鈴木氏によって書かれた。」 ②「その写真はあなたのおじいさんによって撮られたのですか。」 ③「この本はだれによって書かれましたか。」This book was written by X. の X をたずねる疑問文。

---

232 ① **Did she invite him to the party?**
② **Traffic accidents are sometimes caused by using cell phones.**

【解説】①「彼は彼女によってパーティーに招待されましたか。」→「彼女は彼をパーティーに招待しましたか。」 ②「交通事故は携帯電話を使うことによって引き起こされることが時々ある」

---

233 ① **is sung by a famous singer**
② **What language is spoken in**
③ **is called Dan by his friends**
④ **is played by many**
〔plays が不要〕
⑤ **Was this picture taken by**

your〔took が不要〕
⑥ **What is this flower called in English**
⑦ **How many movies were made last**〔much が不要〕

【解説】①「それは有名な歌手によって歌われています。」 ②「その国では何語が話されますか。」 ③「彼は友人たちによってダンと呼ばれます。」His friends call him Dan. の him を主語に置きかえた受動態。 ④「サッカーは世界中の多くの人々にプレイされています。」 ⑤ This picture was taken by your father. の疑問文。 ⑥ This flower is called X. の X をたずねる疑問文。 ⑦ how many movies が文の主語。

---

⑦ **得点アップ**

We call him Ken.
S   V   O   C （私たちは彼をケンと呼ぶ。）
→ He **is called** Ken (by us).
（彼は〔私たちに〕ケンと呼ばれる。）
→ **What is he called** (by you)?
（彼は〔あなたたちに〕何と呼ばれますか。）
※上の文の Ken が答えの中心となる疑問文。

---

234 **Baseball is enjoyed by many people in Japan.**

【解説】Many people enjoy baseball in Japan. の受動態。

---

29 注意すべき受動態

235 ① **Rice is eaten in that country.**
② **Used computers are sold at that shop.**
③ **This textbook isn't used in my school.**
④ **The money wasn't stolen from the bank.**

解説 「だれによって～される[された]か」を言う必要のないときは，by以下は省略する。by people，by them，by us などは省略するのがふつう。実際に使われる受動態は，by のつかないものの方が多い。 ①「米がその国では食べられている。」 ②「中古のパソコンがその店では売られている。」 ③「この教科書は私の学校では使われていない。」 ④「そのお金は銀行から盗まれなかった。」

236
① When was this church built?
② Where was this car made?
③ What was invented by the scientist?

解説 ①「この教会はいつ建てられましたか。」 ②「この車はどこでつくられましたか。」 ③「その科学者によって何が発明されましたか。」

237 ① ア ② イ ③ ア

238
① surprised at
② interested in
③ made of
④ known to
⑤ filled with

⑦ 得点アップ

be covered with ～
（～でおおわれている）
be crowded with ～（～で混雑している）
be filled with ～   （～でいっぱいだ）
be interested in ～ （～に興味がある）
be known to ～   （～に知られている）
be made of ～   （～でできている）
be surprised at ～ （～に驚く）

239 ① ウ ② ウ ③ ア ④ エ

解説 ①「オーストラリアでは多くの言語が話されている。」 ②「ケンとジムはきのうパーティーに招待されましたか。」 ③「おにぎりは日本の伝統食です。それは米でできています。」 ④「その通りは日曜日には人々でとても混雑している。」

240
① isn't spoken
② were broken
③ is always
④ interested in
⑤ was built
⑥ is, called
⑦ Is, sold

解説 ③「教室はいつも生徒たちによってそうじされている。」副詞（always）は be 動詞の後ろに置く。 ④物が主語のときは interesting（おもしろい），人が主語なら interested（興味を持っている）を使う。 ⑤「私の家は40歳だ。」→「私の家は40年前に建てられた。」 ⑥「このくだものはアメリカでは何と呼ばれますか。」 ⑦「私たちはあの店でワインを手に入れる[買う]ことができますか。」→「あの店でワインは売られていますか。」sell（売る）の過去分詞形は sold。

241
① this watch made in Japan
② thing is used for cleaning
③ big shopping center was built in our town
④ houses are seen from that 〔saw と is が不要〕
⑤ top of that mountain is covered with snow 〔by が不要〕

解説 ①「この時計は日本でつくられていますか。」 ②「それ[そのもの]は窓をきれいにするために使われます。」 ③「去年私たちの町に大きなショッピングセンターが建てられた。」 ④「その場所からいくつの家が見えますか。」 ⑤ be covered with ～「～でおおわれている」

242
① is filled
② were surprised at

243 The song is known to everyone.

解説 「その歌はみんなに知られている」be known to ～で「～に知られている」の意味。

30 現在完了の形

244 ① **have done** ② **has left**
③ **have had** ④ **has seen**

245 ① ウ ② ア ③ イ

解説 ①〈完了[結果]〉を表す。 ②〈経験〉を表す。
③〈継続〉を表す。

246 ① **have not cleaned**
② **has not come**
③ **have never seen**
④ **haven't eaten [had]**

247 ① ア，イ ② イ，イ ③ イ，ア
④ イ ⑤ イ，ア

解説 ②後ろの動詞がmet（過去分詞）だから，Did
you は誤り。 ③ the parcel は単数。 ⑤ Who
は単数扱い。

248 ① イ ② エ ③ ア ④ ア ⑤ オ

解説 ①「父は先週から北海道にいます。」 ②「私
は3日前に公園へ行きました。」 ③「父がちょう
ど家に帰ってきた。」 ④「悲しそうだね。」「ええ，
長い間彼に会っていないの。」 ⑤「お父さんは
ニューヨークに行ったんですね。」

現在完了形が使えない場合

「過去の一時点」を表す語句があるときは，過
去形を使う。現在完了形は使えない。
・I **visited** [×have visited] him
yesterday.（私はきのう彼を訪ねた。）
yesterday（きのう）・**last week**（先週）・
two days ago（2日前）・**when I was a
child**（私が子どもだったころ）などは「現在と
切り離された過去」を表すので，過去形を使う。
ただし，次のような文は可能。
・I **have been** sick **since yesterday**.
（私はきのうからずっと病気だ。）
since yesterday は「きのう以来（今までずっ

と）」の意味。現在完了形は，このような「現在」
とつながりのある語句とともに使う。

249 ① **since** ② **haven't**
③ **finished** ④ **stopped**
⑤ **Let's, have, seen**

解説 ①「私たちは子どものころから（今まで）ずっ
と友だちです。」 ②「私は君と長い間会っていな
い[久しぶりだ]ね。」 ③「もう昼食を終えてしま
った。」 ④「外は雨が降りやんでいない。」
⑤「その映画はもう2回見たことがあるんだ。」

250 ① **have known**
② **has had**

解説 ①「私たちが5歳のころからずっと彼女を知
っている」 ②「彼女は先週の水曜日からずっと
かぜをひいている」〈have + had[=have の過
去分詞]〉という形。

251 ① **have had a cat since**
② **We have been good
friends for eight years**
③ **has been ill in the
hospital since last**
④ **I haven't seen you for a
long time**

解説 ①「去年からネコを飼っています。」 ②「（今
まで）8年間ずっと親友だった。」 ③ be
ill [sick] in the hospital「病気で入院してい
る」 ④「私はあなたに長い間会っていない。」と
表現する。

252 **How long [many years] has she
stayed in Japan?**

解説 「彼女は日本にどのくらい長く[何年]滞在し
ていますか。」

253 **taught Chinese for ten years**

解説 「10年前に中国語を教え始めた。」→「10年間
（ずっと）中国語を教えている。」

31 現在完了の意味

254 ① ウ　②ア　③イ　④イ

255 ① **has come**
② **have done [finished]**
③ **has gone**

解説 たとえば①のように，「春が来て，今は春だ」という内容を，Spring has come. という現在完了形で表すことができる。Spring came.（過去形）は「過去のある時点で春が来た」という事実を表すだけであり，「今が春だ」ということには必ずしもならない。

256 ① 私はこの本を3回読んだことがある。
② あなたは今までに生の肉を食べたことがありますか。
③ 私は以前この映画を一度も見たことがない。
④ あなたは何回京都へ行ったことがありますか。

257 ① **have been, for**
② **has been, since**
③ **haven't seen [met], for**
④ **have you lived**

解説 後ろに「期間の長さ」を意味する語句があるときは for を使う。たとえば for two weeks（2週間），for a long time（長い間）など。

258 ①ア　②エ　③ア

解説 ①「生まれてからずっとここにいます。」　②「どのくらい長く」に対する答えとしては「3年間」が適当。　③ have [has] been to ～「～へ行ったことがある」他の動詞は to と結びつかない。

259 ① **has been**　② **has lost**
③ **It hasn't**　④ **heard from**
⑤ **ago**

⑥ **hasn't finished**

解説 ①「2週間ずっと病気で寝ている。」　②「彼は時計をなくしてしまった[今も持っていない]。」　③「2週間ずっと雨が降っていない。」　④「私たちは長い間母から便りをもらっていない。」hear from ～「～から便りがある」　⑤「10年間住んでいる。」→「10年前に住み始めた。」　⑥「夕食を食べ始めて，今も食べているところだ。」→「まだ夕食を終えていない。」

260 ① **hasn't, yet**
② **has gone to**
③ **has never been**
④ **how long have**

解説 ④「日本でどのくらい長く教えていますか。」

⤴ 得点アップ

have [has] been to ～
（～へ行ったことがある）
have [has] gone to ～
（～へ行ってしまった[もうここにはいない]）

261 **How many times have you been to Nikko**

解説 「何回」は how many times。

262 **Have you (ever) been to**

263 ① **She has been sick [ill] since last Thursday.**
② **You haven't finished cleaning the room yet.**
③ **I haven't heard from him since he went to America.**

解説 ②付加疑問を使って，文の最後を ... yet, have you? としてもよい。　③ hear from ～「～から便りがある」

32 現在完了進行形

264 ① **been cleaning**
② **been playing**
③ **has been working**
④ **has been raining**

解説 S + have [has] + been + 〜 ing「Sは(以前から今まで)ずっと〜している」

265 ① ア　② ア, イ　③ イ, ア

解説 know は進行形にできない動詞なので，「(前から)ずっと知っている」は have known で表す。　②現在完了進行形の疑問文は have を主語の前に出してつくり，答えるときは have を使う。　③「3年間[3年前から今までずっと]」は for three years。

266 ① エ　② ウ　③ ウ

解説 ①「私の姉[妹]はその店で6か月(前から)働いています。」　②「私たちは10年前に高校で会って以来お互いを知っています。」　③「あなたは何年ピアノを練習していますか。」「5年です。」

267 ① **I haven't [have not] been feeling well since morning.**
② **Has it been snowing since morning?**
③ **How long [How many hours] have they been playing tennis?**

解説 ①「朝からずっと気分がよくない。」　②「朝からずっと雪が降っていますか。」　③「彼らはどのくらい[何時間]テニスをしていますか。」

268 ① **She has been cleaning her room for two hours.**
② **How long has the baby been sleeping?**

解説 ② How long「どのくらい長く」で文を始めて，後ろに現在完了進行形を置く。疑問文なので has を主語の前に出す。

33 some, any, one

269 ① ア　びんの中にはいくらかのミルクがある[入っている]。
② イ　私は図書館から1冊も本を借りなかった。
③ イ　何か質問がありますか。
④ ア　私はお金を少しも持っていなかったので，その本を買うことができなかった。

270 ① イ　② イ　③ ア　④ ア

解説 ① one = a watch。it を使うと「なくした時計を買う」ことになるので不自然。
④ each other「おたがい」

271 ① イ　② ウ

解説 ①下の説明を参照。　②「私のテレビはとても古い。新しいのを買うつもりだ。」a new one = a new TV set。

疑問文中で some を使う場合

some(いくつか[いくらか]の)は，否定文では使わないが，疑問文中では使うこともある。
(a) Do you have **any** money?
(b) Do you have **some** money?
(a) は「君はお金をいくらか持ってる？」の意味で，相手がお金を持っているかどうかわからないときに使う。一方 (b) は「いくらかお金を持ってる(よね)？」という意味。つまり，相手が「イエス」と答えることを期待した質問になる。次の文も同様。
(c) Would you like **some** more tea?
(お茶をもっといかがですか。)
この文は「ええ，いただきます。」という答えを期待した言い方。相手に勧めるときによく使われる。

272 ① **other**　② **another**
　　③ **anyone [anybody]**

解説 ①「1匹は黒で，もう1匹は白だ。」　②「別の日にしましょうか。日曜日はどう？」　③「きのうだれかがあなたといっしょに学校へ行きましたか。」

⚑得点アップ

肯定文	疑問文	否定文
some いくつか(の)	any いくつか(の)	not ... any no ... 1つも〜ない
something 何か	anything 何か	not ... anything nothing 何も…ない
someone だれか	anyone だれか	not ... anyone no one だれも…ない

273 ① **won't, food**
　　② **each other**

解説 ①「食べるものがすぐに何もなくなるだろう。」　②「トムは私を好きではない。私も彼を好きではない。」→「私たちはおたがいを好きではない。」

274 ① **do not have any**
　　② **is the black one on the chair**

解説 ② one は bag を指す。

34 数量の表し方

275 ① ア　② イ　③ ア　④ イ

解説 money や food は単数形なので，数えられない名詞と考える。

数えられない名詞の例

① 物質名詞（一定の形を持たない天然物，または天然物からつくられるものを表す名詞）

air, bread, chalk, coffee, money, sugar, tea, water
② 抽象名詞（抽象的な意味を表す名詞）
breakfast, fun, homework, lunch, music, news, weather, work

これらの名詞の前には a [an] はつけない。また，複数形にもできない。

276 ① ア，私は今少しお金を持っています。
　　② イ，川の中に数人の男の子がいます。
　　③ ア，急ごう。ほとんど時間がない。
　　④ ア，その質問に答えることができた生徒はほとんどいなかった。

277 ① 私は旅行中にたくさんのお金を使った。
　　② たくさんの人々が洪水で家を失った。
　　③ この図書館にはたくさん[多数]の本がある。
　　④ その工場はたくさん[大量]の水を使う。

解説 a lot of, lots of, plenty of は，どんな名詞の前にも置くことができる。number は「数」，amount は「量」の意味。

278 ① **cup**　② **glass**
　　③ **piece**　④ **pair**

解説 ③大きなケーキを切り分けた1切れは，a piece of cake と言う。　④片方の靴は shoe だが，靴はふつう左右をペアで使うので shoes（複数形）で表す。glasses（めがね），pants（ズボン），jeans（ジーンズ）なども2つの部分がペアになっているので，たとえば「1つのめがね」は a pair of glasses と言う。数える必要がないときは単に shoes, glasses でよいが，形が複数形なので動詞は複数で受ける点に注意。
・My glasses are [×is] strong.
　（私のめがねは度が強い。）

279 ① イ　② イ　③ イ

解説 ②紙を数えられない名詞として扱うのは，「一

定の形を持たない」と考えるから。cheese, bread(パン), chalk(チョーク)なども同じ。

---

280 ① ウ ②イ ③イ ④ア ⑤ウ

解説 ①「今日は授業が何時間ありますか。」 ②「去年の冬は全く雪が降らなかった。」〈no + 名詞(X)〉は「Xが少しもない」の意味。not を使う場合は We didn't have any snow last winter. と言う(no = not + any)。 ③「その本はとても難しかったが, それを理解することのできた生徒が少しいた。」数えられる名詞の前に置くのは (a) few。few students だと「ほとんどいなかった」となり, 意味が不自然。 ④「びんの中にはたくさんのワインがある。」wine は数えられない名詞なので is で受ける。⑤「妹(姉)はお昼ごはんに2切れのケーキを食べた。」

---

281 ① **many** ② **much**
③ **few** ④ **glass**
⑤ **pieces [sheets]**
⑥ **is little water**

解説 ① trees の数を how many でたずねる。 ② snow の量を how much でたずねる。 ③ a few minutes「数分, 2～3分」 ⑤ paper は複数形にできないので, piece [sheet] の方を複数形にする。 ⑥ water は数えられないので little を使う。a little は「少しある」, little は「ほとんどない」。

---

282 ① **there a lot of**〔across が不要〕
② **have had little rain for more**

解説 ①「南公園にはたくさんの鳥がいますか。」 ② We have little rain.(雨がほとんど降らない)を現在完了にした形。

---

283 ① **I have something to ask you. [I want to ask you a question.]**
② **There isn't [I can't find] much about him in the textbook.**

解説 ①「たずねるための何か[こと]を持っている」と表現する。 ② The textbook doesn't say much about him. などでもよい。〈not + much〉で「あまり多くないこと」の意味。I can't learn [know] many things about him from the textbook. などとも表現できる。

---

284 **But he'll be back in a few minutes.**

解説 「彼はたった今となりの部屋へ行ってしまいました。でも2, 3分でもどって来るでしょう。」

---

285 ① **Last summer we had little rain and it was very hot.**
② **I lost a large amount of money during [on] the [my] trip.**

解説 ① last summer was very hot とは言えるが, last summer had little rain は誤り。It rained little and very hot last summer. でもよい。 ② large を使って「大金」を表すと, a large amount of money(大量のお金)という形になる。

---

35 enough, too と副詞

286 ① ウ, 私はその男性をあまりよく知らない。
② イ, トムはよく学校に遅刻する。
③ ア, 私はときどきいとこからEメールをもらう。
④ ウ, 私は朝早く散歩するのが好きだ。

---

287 ① **enough, to buy**
② **large enough**
③ **too, to study**

---

288 ① **play, well**
② **drives carefully**

③ **very well**
④ **too**　　⑤ **too young**
⑥ **enough to**

解説 ① pianist は「ピアノをひく人」の意味。プロのピアニストとはかぎらない。　② drive（動詞）+ carefully（副詞）で「注意深く運転する」。　⑤「ジャックはひとりで旅行するのに十分な年齢ではない。」→「ジャックはひとりで旅行するには若すぎる。」　⑥「彼は私にギターのひき方を教えてくれるほど親切だった。」

↗ 得点アップ

形容詞の後ろに -ly をつけると副詞になることが多いが, そうでないものもある。

形容詞		副詞	
kind	（親切な）	kindly	（親切に）
slow	（遅い）	slowly	（ゆっくりと）
happy	（幸福な）	happily	（幸福に）
easy	（容易な）	easily	（容易に）
fast	（速い）	fast	（速く）
early	（早い）	early	（早く）
good	（上手な）	well	（上手に）

289 ① **I　had　enough　time　to　finish my homework**
② **These　two　desks　are　too heavy to carry**

解説 ① enough time to ～「～するのに十分な時間」　② too heavy to carry「運ぶには重すぎる→重すぎて運べない」

290 **The question was too difficult to answer.**

第4回　実力テスト

1 ① ウ　②エ　③エ　④エ

解説 ①「私たちには 2 人の娘がいる。1 人は私たちと同居しており, もう 1 人は大阪に住んでいる。」　②「バドミントン部には 9 人の部員がいる。

私たちのうち 3 人はとても上手だが, 残り（の 6 人）はそこそこの実力だ。」　③「来年私の家の前にアパートが建てられる予定だ。」be going to「～する予定だ」の後ろに受動態（be built）を置いた形。　④「私たちの歯はきれいに保っておかねばならない」。We must keep our teeth clean. を受動態にした文。

2 ① **too, to**　② **Have, slept**

解説 ① too ～ to + 動詞の原形「～すぎて…できない」

3 ① ウ　②イ　③ウ　④エ
　　⑤エ　⑥エ

解説 ①「一人っ子は世話をかけすぎて育てられるので, 他人のことを考えられないと人々はしばしば言う。」ウは other people が正しい。　②「私は料理が好きだが, インド料理はとても辛いので興味がない。」イは am not interested が正しい。　③「母はいつも朝食にレモンと砂糖を少し入れたお茶を楽しむ。」ウは a little が正しい。　④「新型の電子レンジは値段が高すぎて私には買えない。」エは to buy が正しい。　⑤「私たちの学校にはクラス全員が同時に泳げるくらい大きなプールがある。」エは to swim in が正しい。　⑥「私がほしかった靴は私が買うには値段が高すぎたので, もっと安いのを買った。」エは cheaper ones が正しい。ones は複数形だから, a はつけられない。

4 ① **visited, twice**
② **long have**
③ **was covered**
④ **enough to lend**
⑤ **heard from**

解説 ①「私たちは東京を訪ねるが, それは私たちにとって 3 回目の訪問になる。」→「私たちは 2 回東京を訪ねたことがある。」　②「いつ歴史の勉強を始めましたか。」→「どのくらい歴史を勉強していますか。」　③「富士山の頂上はたくさんの雪でおおわれていた。」　④「アヤは親切にも私に自分のコンピューターを貸してくれた。」⑤「彼女は私に長い間手紙を書いていない。」→「私は

彼女から長い間便りがない。」

---

5 ① Cheap shoes are not sold at the store
② Were those pictures on the wall taken by your grandfather
③ Don't think you are not smart enough
④ I was caught in a shower on the way
⑤ story sounds too good to be true
⑥ My sister has just finished reading the book

解説 ②受動態の疑問文は，be動詞（were）を主語の前に出してつくる。 ③smart enough「十分に賢い」 ④be caught in a shower「にわか雨にあう」 ⑤直訳は「君の話は，本当であるにはよすぎる（話の）ように聞こえる。」 ⑥「姉[妹]はちょうどその本を読み終えたところです。」

---

6 ① right　② leaves
③ nose, knows
④ threw, through
⑤ week, weak

解説 ①「次の角を右に曲がると郵便局が見えます。」「今すぐにベッドを整えなさい。」 ②「地面は多くの（落ち）葉でおおわれている。」「兄[弟]は毎日朝早く家を出て学校へ行きます。」 ③「私たちは2つの目と1つの鼻を持っている。」「彼はそれについてすべてを知っている。」 ④「彼は友だちにボールを投げた。」「私は広い公園を通って歩いた。」 ⑤「アダムは毎週カレーライスを食べる。」「彼は決して私にあやまらない。それが彼の弱点だ。」

---

7 ① Have you decided what to give (to) her (yet)?
② How much hot water is there in the pot?
③ I had a little money, but I didn't lend it to him.

④ They have been having [eating] lunch for an hour.
⑤ Few people climb that mountain on such a rainy day.

解説 ① what to ＋動詞の原形＝「何を〜すべきか」 ②「どのくらいの量の〜」はhow much〜でたずねる。 ③「少しのお金」はa little money。 ④現在完了進行形で「ずっと〜し続けている」の意味を表す。 ⑤「ほとんど〜ない」は，複数の名詞（people）の前ではfewを使って表す。

---

8 ① she bought some cookies
② ア 半分に割った
イ 半分渡し
ウ 残りの半分を食べた
③ 自分が買ったクッキーを勝手に食べられたと思い込んでいたから。

解説 ① didは前の文のbuy some cookiesの内容を指している。 ②第2段落の第2・3文を参照。 ③全訳を参照。

全訳
　ある女性が空港で彼女の便を待っていた。彼女は「おなかがすいた。クッキーを買う必要がある。」と思った。そして彼女はそうした。その後，彼女はベンチに座って本を読み始めた。そのとき彼女は自分のそばに一人の男性が座っていることに気付いた。彼は彼女のクッキーの袋に手を入れて，一つ取った。彼女はこのクッキーどろぼうに本当に驚いたが，何も言わなかった。男はさらにクッキーを取って食べた！ 彼女は「彼はそんなことをすべきではない。私が親切なので彼は運がいい。」と心の中で思った。
　クッキーの残りが一つだけになったとき，彼はどうするだろうかと彼女は思った。彼はほほえんで，最後のクッキーを取って半分に割った。その一つを彼女に渡し，残りの半分は彼が自分で食べた。彼女は「彼はとても失礼だ。彼は私にあやまらなければならない。」と思った。
　自分の便が呼ばれたあと，彼女は飛行機の座席に座り，バッグの中の携帯電話を探し始めた。中を見たとき，彼女はあまりのショックに息をすることができなかった。封を開けていないクッキーの袋が入っていた。「私のクッキーはここにある。ということ

とは，もう一つの袋は彼のものだった。彼はただ親
切にしようとして私にクッキーを分けてくれたの
だ。」と彼女は思った。そのとき彼女は失礼な人は
自分であり，あやまらなければならなかったのは実
は自分だったと気付いたが，遅すぎた。